천자문 익히며 따라쓰기

천자문 익히며 따라쓰기

초판 1쇄 발행 2024년 8월 12일

편저자 편집부
펴낸이 이환호
펴낸곳 나무의꿈

등록번호 제 10-1812호
주 소 경기도 의왕시 내손로 14, 204동 502호 (내손동, 인덕원 센트럴 자이 A)
전 화 031)425-8992 **팩 스** 031)425-8993

ISBN 979-11-92923-04-8 (13710)

머리말

'천자문(千字文)'은 말 그대로 서로 다른 글자 1천 자(字)를 가지고 4자씩 사언고시(四言古詩) 250구(句)를 이루고, 그것을 여덟 자씩 절(節)을 만들어 하나의 의미 있는 125개의 문장으로 구성되어 있다.

그 내용의 구성 또한 하늘과 땅, 자연(自然)의 섭리로부터 시작하여 우리 자신을 살펴볼 수 있는 의식과 문화뿐만 아니라 일상생활에 이르기까지 사람이 갖추어야 할 덕목(德目), 교훈 등이 총망라되어 있다.

특히 중국의 역사(歷史)를 비롯하여 천문·지리·처세와 지혜, 제왕(帝王)의 길과 백성을 다스리는 위정자들의 몸가짐 등, 정치·문학은 물론이요, 군자(君子)의 도(道)와 예의범절에 이르기까지 두루 담겨 있어 가히 시간과 공간을 초월한 책이라 할 수 있겠다.

처음 쓰여지게 된 것은 중국 남북조시대 양(梁)나라의 무제(武帝)가 왕희지(王羲之, 307~365)의 글씨 가운데서 서로 다른 글자 1천 자를 뽑아 당시 문사(文史)였던 주흥사(周興嗣, 470?~521)에게 주며, '운(韻)을 붙여 글을 만들라' 하였다. 이에 주흥사는 황제의 명을 받들어 하룻밤 사이에 '천자문(千字文)'을 짓고 보니, 머리가 하얗게 세었다 하여 이를 백수문(白首文) 또는 백두문(白頭文)이라고 부른다.

'천자문'은 단순한 글자의 익힘이 아니라 구(句)와 절(節) 속에 숨어 있는 자연의 이치와 역사·철학의 지혜로움을 함께 배워야 되리라 생각된다.

다른 공부와 마찬가지로 한자를 익히는 방법에는 왕도가 없다. 한자를 익히는 기본은 많이 보고, 많이 쓰고, 자주 접하는 것이 최고의 지름길이다.

부디 이 『천자문 익히며 따라쓰기』 교본으로 한자(漢字)를 익히는 분들에게 조금이나마 보탬이 되기를 바란다.

天地玄黃 천지현황

하늘과 땅은 검붉고 누르며,

天	天	天	天						
하늘 천		一 二 チ 天							
地	地	地	地						
땅 지		一 十 土 圵 坳 地							
玄	玄	玄	玄						
검을 현		丶 亠 亠 玄 玄							
黃	黃	黃	黃						
누를 황		廾 廾 苩 苗 黄 黃							

宇宙洪荒 우주홍황

우주는 넓고도 거칠다.

宇	宇	宇	宇						
집 우		丶 丶 宀 宀 宁 宇							
宙	宙	宙	宙						
집 주		丶 宀 宀 宙 宙 宙							
洪	洪	洪	洪						
넓을 홍		氵 汁 泄 洪 洪 洪							
荒	荒	荒	荒						
거칠 황		艹 艹 芒 芒 荒 荒							

日月盈昃 일월영측

해와 달은 차기도 하고 기울기도 하며,

日	日	日	日
날 일	丨 冂 日 日		
月	月	月	月
달 월	丿 ⺆ 月 月		
盈	盈	盈	盈
찰 영	丿 乃 夃 夃 盈 盈		
昃	昃	昃	昃
기울 측	丶 冂 日 旦 昃 昃		

辰宿列張 진숙열장

별들은 각각 하늘에 고루 벌여 있다.

辰	辰	辰	辰
별 진(신)	一 厂 厂 辰 辰 辰		
宿	宿	宿	宿
잘 숙 / 별자리 수	宀 宀 宀 宿 宿 宿		
列	列	列	列
벌일 렬(열)	一 厂 歹 歹 列 列		
張	張	張	張
베풀 장	弓 弓 引 張 張 張		

寒來暑往 한래서왕

추위가 오면 더위가 가고,

寒	寒	寒	寒						
찰 한			宀 宀 宀 宑 実 寒						
來	來	來	來						
올 래			一 十 才 朩 來 來						
暑	暑	暑	暑						
더울 서			罒 日 旦 早 暑 暑						
往	往	往	往						
갈 왕			彳 彳 彳 行 往 往						

秋收冬藏 추수동장

가을에 거두어 들이고 겨울에 저장한다.

秋	秋	秋	秋						
가을 추			二 千 禾 禾 秒 秋						
收	收	收	收						
거둘 수			丨 丩 丩 丩 收 收						
冬	冬	冬	冬						
겨울 동			丿 夕 夂 冬 冬						
藏	藏	藏	藏						
감출 장			艹 艹 蔵 藏 藏 藏						

閏餘成歲 윤여성세

윤달의 남은 것으로 해를 이루고,

閏	閏	閏	閏						
윤달 윤			丨 冂 冃 門 閂 閏						
餘	餘	餘	餘						
남을 여			𩙿 食 飠 飠 餘 餘						
成	成	成	成						
이룰 성			厂 𠂆 万 成 成 成						
歲	歲	歲	歲						
해 세			屮 产 产 歲 歲 歲						

律呂調陽 율려조양

음률을 가지고 음양을 고르게 한다.

律	律	律	律						
법칙 률(율)			彳 彳 彳 往 律 律						
呂	呂	呂	呂						
음률 려(여)			丶 冖 口 口 呂 呂						
調	調	調	調						
고를 조			言 訂 訂 訶 調 調						
陽	陽	陽	陽						
볕 양			阝 阳 陧 陽 陽 陽						

雲騰致雨 운등치우

구름이 하늘에 올라 비가 되고,

雲	雲	雲	雲						
구름 운		𠫔 帀 雨 雪 雲 雲							
騰	騰	騰	騰						
오를 등		月 朕 朕 滕 騰 騰							
致	致	致	致						
이를 치		一 工 至 至 致 致							
雨	雨	雨	雨						
비 우		一 厂 门 币 雨 雨							

露結爲霜 노결위상

이슬이 맺히어 서리가 된다.

露	露	露	露						
이슬 로(노)		帀 雨 雫 零 露 露							
結	結	結	結						
맺을 결		幺 糸 糸 糸十 糸士 結							
爲	爲	爲	爲						
할 위		丶 丷 爫 爫 爲 爲							
霜	霜	霜	霜						
서리 상		𠫔 帀 雨 雫 霜 霜							

金生麗水 금생여수

금(金)은 여수(麗水)에서 나고,

金	金	金	金						
쇠 금	人 亼 今 全 余 金								
生	生	生	生						
날 생	丿 𠂉 牛 牛 生								
麗	麗	麗	麗						
고울 려(여)	严 严 鹿 鹿 麗 麗								
水	水	水	水						
물 수	亅 刁 水 水								

玉出崑岡 옥출곤강

옥(玉)은 곤륜산(崑崙山)에서 난다.

玉	玉	玉	玉						
구슬 옥	一 丅 干 王 玉								
出	出	出	出						
날 출	𠃊 凵 屮 出 出								
崑	崑	崑	崑						
곤륜산 곤	山 岜 岜 崑 崑 崑								
岡	岡	岡	岡						
언덕 강	丨 冂 冂 円 冈 岡								

劍號巨闕 검호거궐

칼에는 거궐(巨闕)이 이름났고,

劍	劍	劍	劍						
칼 검									
號	號	號	號						
이름 호									
巨	巨	巨	巨						
클 거									
闕	闕	闕	闕						
대궐 궐									

珠稱夜光 주칭야광

구슬에는 야광주를 일컫는다.

珠	珠	珠	珠						
구슬 주									
稱	稱	稱	稱						
일컬을 칭									
夜	夜	夜	夜						
밤 야									
光	光	光	光						
빛 광									

果珍李柰 과진이내

과실로는 오얏과 능금이 보배스럽고,

果	果	果	果						
과실 과	丶 口 日 旦 甲 果								
珍	珍	珍	珍						
보배 진	一 T 王 王 玐 珍								
李	李	李	李						
오얏 리(이)	一 十 木 本 李 李								
柰	柰	柰	柰						
능금나무 내	一 十 木 本 李 柰								

菜重芥薑 채중개강

나물로는 겨자와 생강을 소중히 여긴다.

菜	菜	菜	菜						
나물 채	艹 芯 苎 苹 菜 菜								
重	重	重	重						
무거울 중	二 台 亩 亩 重 重								
芥	芥	芥	芥						
겨자 개	艹 艹 芢 芥 芥 芥								
薑	薑	薑	薑						
생강 강	艹 艹 萺 萺 薑 薑								

海鹹河淡 해함하담

바닷물은 짜고 강물은 싱겁다.

海	海	海	海						
바다 해	氵 汇 江 海 海 海								
鹹	鹹	鹹	鹹						
짤 함	卜 卣 卤 鹵 鹹 鹹								
河	河	河	河						
물 하	氵 氵 汀 沔 沔 河								
淡	淡	淡	淡						
묽을 담	丶 氵 氵 泮 泼 淡								

鱗潛羽翔 인잠우상

비늘 있는 물고기는 물 속에 잠기고 깃털있는 새들은 공중에 난다.

鱗	鱗	鱗	鱗						
비늘 린(인)	𠂊 角 魚 鮢 鮻 鱗								
潛	潛	潛	潛						
잠길 잠	氵 汇 涄 涄 潛 潛								
羽	羽	羽	羽						
깃 우	𠃌 习 习 羽 羽 羽								
翔	翔	翔	翔						
날 상	丷 䒑 羊 翔 翔 翔								

龍師火帝 용사화제

제왕으로는 용사(龍師, 복희씨)와 화제(火帝, 신농씨)가 있었고,

龍	龍	龍	龍						
용 룡(용)		音 音 音 音 能 龍							
師	師	師	師						
스승 사		𠂤 𠂤 𠂤 𠂤 師 師							
火	火	火	火						
불 화		丶 丷 火 火							
帝	帝	帝	帝						
임금 제		亠 亠 产 产 帝 帝							

鳥官人皇 조관인황

조관(鳥官, 소호씨)와 인황(人皇, 황제씨)가 있었다.

鳥	鳥	鳥	鳥						
새 조		丿 户 白 自 鳥 鳥							
官	官	官	官						
벼슬 관		宀 宀 宀 宀 官 官							
人	人	人	人						
사람 인		丿 人							
皇	皇	皇	皇						
임금 황		丿 白 白 白 皇 皇							

始制文字 시제문자

비로소 글자를 만들고,

始	始	始	始						
비로소 시			女 女 女 女 始 始						
制	制	制	制						
지을 제			𠂉 𠂉 未 制 制 制						
文	文	文	文						
글월 문			丶 亠 ナ 文						
字	字	字	字						
글자 자			丶 丷 宀 字 字 字						

乃服衣裳 내복의상

이에 옷을 만들어 입게 되었다.

乃	乃	乃	乃						
이에 내			丿 乃						
服	服	服	服						
입을 복			月 月 月 月 服 服						
衣	衣	衣	衣						
옷 의			丶 亠 ナ 衣 衣 衣						
裳	裳	裳	裳						
치마 상			尚 堂 裳 裳 裳 裳						

推位讓國 추위양국

천자의 자리를 물려주고 나라를 사양한 이는,

推	推	推	推						
옮길 추		十 扌 扌 扩 护 推							
位	位	位	位						
자리 위		丿 亻 亻 亻 仁 位							
讓	讓	讓	讓						
사양할 양		言 訁 諪 譁 譲 讓							
國	國	國	國						
나라 국		冂 冋 國 國 國 國							

有虞陶唐 유우도당

도당씨(陶唐氏, 요임금)와 유우씨(有虞氏, 순임금)이다.

有	有	有	有						
있을 유		一 ナ 冇 有 有 有							
虞	虞	虞	虞						
나라이름 우		⺊ 广 虍 虍 虞 虞							
陶	陶	陶	陶						
질그릇 도		阝 阝 陶 陶 陶 陶							
唐	唐	唐	唐						
당나라 당		亠 广 户 庐 庚 唐							

弔民伐罪 조민벌죄

백성을 위문하고 죄를 징벌한 것은,

弔	弔	弔	弔						
조상할 조		ᄀ ᄀ 弓 弔							
民	民	民	民						
백성 민		ᄀ ᄀ 尸 巳 民							
伐	伐	伐	伐						
칠 벌		ノ 亻 仁 代 伐 伐							
罪	罪	罪	罪						
허물 죄		罒 罒 罒 罪 罪 罪							

周發殷湯 주발은탕

주나라 발(發, 武王)과 은나라 탕왕(湯王)이었다.

周	周	周	周						
두루 주		丿 冂 冂 月 円 周							
發	發	發	發						
필 발		癶 癶 癸 發 發 發							
殷	殷	殷	殷						
은나라 은		′ 丿 户 自 彤 殷							
湯	湯	湯	湯						
끓일 탕		氵 氵 浔 渇 湯 湯							

坐朝問道 좌조문도

조정에 앉아서 백성을 다스릴 올바른 길을 물어,

坐	坐	坐	坐						
앉을 좌		丿 人 从 从 坐 坐							
朝	朝	朝	朝						
아침 조		十 古 直 卓 朝 朝							
問	問	問	問						
물을 문		丨 冂 門 門 問 問							
道	道	道	道						
길 도		丷 丫 首 首 道 道							

垂拱平章 수공평장

옷을 드리우고 팔짱을 낀 채로 있어도 평화롭고 밝게 잘 이루어졌다.

垂	垂	垂	垂						
드리울 수		一 二 乒 垂 垂 垂							
拱	拱	拱	拱						
팔짱낄 공		一 扌 扌 拱 拱 拱							
平	平	平	平						
평평할 평		一 丆 丌 亚 平							
章	章	章	章						
글 장		立 音 音 音 章 章							

愛育黎首 애육여수

백성을 사랑하고 기르니(그 은혜가 온누리에 펼쳐),

한자	훈음	필순
愛	사랑 애	爫 爫 㤅 㤅 夌 愛
育	기를 육	丶 亠 𠫓 㐬 育 育
黎	검을 려(여)	禾 秎 秎 黎 黎 黎
首	머리 수	丶 丷 䒑 䒑 𦣻 首

臣伏戎羌 신복융강

오랑캐들도 신하로서 복종시켰다

한자	훈음	필순
臣	신하 신	一 丅 𢎘 𢎘 𦣞 臣
伏	엎드릴 복	丿 亻 仁 什 伏 伏
戎	오랑캐 융	一 二 于 式 戎 戎
羌	오랑캐 강	丷 䒑 兰 羊 羊 羌

遐邇壹體 하이일체

멀리 있는 나라와 가까이 있는 나라들이 모두 일체가 되어,

遐	遐	遐	遐						
멀 하	丨 [illegible] [illegible] 叚 [illegible] 遐								
邇	邇	邇	邇						
가까울 이	[illegible] 冂 币 [illegible] 爾 邇								
壹	壹	壹	壹						
한 일	士 [illegible] [illegible] [illegible] [illegible] 壹								
體	體	體	體						
몸 체	骨 [illegible] [illegible] [illegible] 體 體								

率賓歸王 솔빈귀왕

서로 이끌고 복종하여 임금에게로 돌아온다.

率	率	率	率						
거느릴 솔	亠 玄 [illegible] [illegible] [illegible] 率								
賓	賓	賓	賓						
손님 빈	宀 [illegible] [illegible] [illegible] [illegible] 賓								
歸	歸	歸	歸						
돌아올 귀	𠂤 [illegible] [illegible] [illegible] [illegible] 歸								
王	王	王	王						
임금 왕	一 T 干 王								

鳴鳳在樹 명봉재수

(천하를 잘 다스리면) 봉황새는 나무에 앉아 울고,

鳴	鳴	鳴	鳴						
울 명		口 口' 口ľ 口ľ 鳴 鳴							
鳳	鳳	鳳	鳳						
봉새 봉		几 凡 凬 凬 鳳 鳳							
在	在	在	在						
있을 재		一 ナ オ 在 在 在							
樹	樹	樹	樹						
나무 수		木 桔 桔 桔 樹 樹							

白駒食場 백구식장

흰 망아지는 마당에서 풀을 먹는다.

白	白	白	白						
흰 백		′ 亻 白 白 白							
駒	駒	駒	駒						
망아지 구		「 F 馬 馬 駒 駒							
食	食	食	食						
밥 식		人 亼 今 今 食 食							
場	場	場	場						
마당 장		土 坦 坦 埋 場 場							

化被草木 화피초목

(어진 임금의 덕화는) 풀이나 나무에게까지도 미치며,

化	化	化	化						
될 화			ノ 亻 亻' 化						
被	被	被	被						
입을 피			衤 衤 衤' 衤' 衪 被						
草	草	草	草						
풀 초			艹 艹 芇 苜 苴 草						
木	木	木	木						
나무 목			一 十 才 木						

賴及萬方 뇌급만방

(그 큰 은혜는) 나라 밖 만방에까지 널리 미친다.

賴	賴	賴	賴						
힘입을 뢰(뇌)			戸 申 朿' 剌 賴 賴						
及	及	及	及						
미칠 급			ノ 乃 乃 及						
萬	萬	萬	萬						
일만 만			艹 芇 苜 萬 萬 萬						
方	方	方	方						
모 방			丶 亠 亢 方						

蓋此身髮 개차신발

대개 나의 몸과 터럭은 [신체 발부(身體髮膚)는],

蓋	蓋	蓋	蓋						
대개 개			艹 芏 荖 蓋 蓋 蓋						
此	此	此	此						
이 차			丨 卜 止 止 此 此						
身	身	身	身						
몸 신			丿 亻 亻 自 自 身						
髮	髮	髮	髮						
터럭 발			镸 髟 髟 髮 髮 髮						

四大五常 사대오상

4대 요소 [지수화풍(地水火風)]과 5상[인의예지신(仁義禮智信)]으로 되어 있다.

四	四	四	四						
넉 사			丨 冂 冂 四 四						
大	大	大	大						
큰 대			一 ナ 大						
五	五	五	五						
다섯 오			一 丁 五 五						
常	常	常	常						
항상 상			丷 尚 常 常 常 常						

恭惟鞠養 공유국양

(삼가) 공손히 자기를 낳아 길러주신 부모의 큰 은공을 생각하여,

한자	훈음	필순
恭	공손할 공	卄 丗 共 恭 恭 恭
惟	오직 유	丷 忄 忄 忄 忄 惟
鞠	기를 국	卄 苎 革 靮 鞫 鞠
養	기를 양	䒑 关 美 养 養 養

豈敢毁傷 기감훼상

어찌 감히 이 몸을 헐고 상하게 할 수 있으랴.

한자	훈음	필순
豈	어찌 기	丨 山 山 岂 豈 豈
敢	감히 감	工 干 干 耳 耳 敢
毁	헐 훼	亻 白 白 皇 毀 毁
傷	상할 상	亻 伯 伯 俜 傷 傷

女慕貞烈 여모정렬

여자는 곧은 정조와 굳은 절개를 사모하고,

女	女	女	女						
계집 녀(여)	ㄑ 夊 女								
慕	慕	慕	慕						
사모할 모	艹 苩 莫 莫 慕 慕								
貞	貞	貞	貞						
곧을 정	' ⺊ 𠁣 貞 貞 貞								
烈	烈	烈	烈						
매울 렬	一 歹 歹 歹 列 烈								

男效才良 남효재량

남자는 재주(능력)와 어짊(덕)을 본받아야 한다.

男	男	男	男						
사내 남	丶 冂 田 田 男 男								
效	效	效	效						
본받을 효	亠 交 交 交 效 效								
才	才	才	才						
재주 재	一 十 才								
良	良	良	良						
어질 량	丶 ㇇ ㇆ 良 良 良								

知過必改 지과필개

(자신의) 허물을 알면 반드시 고치고,

知	知	知	知						
알 지			𠂉 𠂉 矢 矢 知 知						
過	過	過	過						
허물 과			冂 冎 咼 咼 過 過						
必	必	必	必						
반드시 필			丶 ソ 义 必 必						
改	改	改	改						
고칠 개			㇆ 己 己 改 改 改						

得能莫忘 득능막망

능히 실행할 것을 얻었으면 잊지 말아야 한다.

得	得	得	得						
얻을 득			彳 彳 彳 得 得 得						
能	能	能	能						
능할 능			厶 自 自 能 能 能						
莫	莫	莫	莫						
말 막			十 艹 苗 苗 莫 莫						
忘	忘	忘	忘						
잊을 망			丶 亠 亡 亡 忘 忘						

罔談彼短 망담피단

남의 단점을 말하지 말고,

罔	罔	罔	罔						
없을 망		冂 冂 冂 冂 罔 罔							
談	談	談	談						
이야기 담		言 言 言 訁 訁 談							
彼	彼	彼	彼						
저 피		彳 彳 彳 彳 彼 彼							
短	短	短	短						
짧을 단		𠂉 矢 矢 矩 短 短							

靡恃己長 미시기장

자신의 장점을 너무 믿거나 자랑하지 말라.

靡	靡	靡	靡						
없을 미		广 广 广 麻 靡 靡							
恃	恃	恃	恃						
믿을 시		丨 忄 忄 恃 恃 恃							
己	己	己	己						
몸 기		ㄱ ㅋ 己							
長	長	長	長						
긴 장		丨 𠄌 上 長 長 長							

信使可覆 신사가복

믿음이 있는 일은 마땅히 거듭 행할 것이요,

信	信	信	信						
믿을 신	丿 亻 亻 信 信 信								
使	使	使	使						
하여금 사	亻 仁 佇 佢 使 使								
可	可	可	可						
옳을 가	一 丁 𠀀 叵 可								
覆	覆	覆	覆						
돌이킬 복	覀 覀 覀 覀 覆 覆								

器欲難量 기욕난량

기량(器量)은 헤아릴 수 없이 커야 한다.

器	器	器	器						
그릇 기	吅 哭 哭 哭 器 器								
欲	欲	欲	欲						
하고자 할 욕	父 谷 谷 谷 谷 欲								
難	難	難	難						
어려울 난	堇 漢 歎 歎 歎 難								
量	量	量	量						
헤아릴 량	日 旦 昌 昌 量 量								

墨悲絲染 묵비사염

묵적(墨翟)은 흰 실에 물들이는 것을 (악에 물들음 같이) 슬퍼했고,

墨	墨	墨	墨						
먹 묵		罒 罒 罒 里 黑 墨							
悲	悲	悲	悲						
슬플 비		丿 彐 非 非 悲 悲							
絲	絲	絲	絲						
실 사		纟 幺 糸 糸 絲 絲							
染	染	染	染						
물들일 염		氵 氿 氿 染 染 染							

詩讚羔羊 시찬고양

시경(詩經)에서는 (주나라 문왕의 덕에 백성이 감화된 일) 고양(羔羊)을 찬미하였다.

詩	詩	詩	詩						
시 시		言 計 詩 詩 詩 詩							
讚	讚	讚	讚						
기릴 찬		言 言 言 讚 讚 讚							
羔	羔	羔	羔						
염소 고		丷 䒑 䒑 羊 羊 羔							
羊	羊	羊	羊						
양 양		丶 丷 䒑 䒑 兰 羊							

景行維賢 경행유현

행동을 크게 빛나게 하는 사람은 어진 사람이요,

景	景	景	景						
빛 경	日 旦 昌 亭 景 景								
行	行	行	行						
다닐 행	丿 彳 彳 彳 行 行								
維	維	維	維						
오직 유	糸 糸 紒 紨 維 維								
賢	賢	賢	賢						
어질 현	𠂆 尸 臣 臤 賢 賢								

剋念作聖 극념작성

힘써 마음에 생각하여 이겨나가면 성인(聖人)이 된다.

剋	剋	剋	剋						
이길 극	一 十 古 古 克 剋								
念	念	念	念						
생각 념	人 今 今 念 念 念								
作	作	作	作						
지을 작	丿 亻 亻 作 作 作								
聖	聖	聖	聖						
성인 성	耳 耶 聖 聖 聖 聖								

德建名立 덕건명립

덕을 쌓아 성취하면 훌륭한 이름이 나타나고,

德	德	德	德						
큰 덕		彳 彳 徍 徝 德 德							
建	建	建	建						
세울 건		聿 聿 聿 律 建 建							
名	名	名	名						
이름 명		丿 ク 夕 夕 名 名							
立	立	立	立						
설 립		丶 亠 亠 立 立							

形端表正 형단표정

용모가 단정하면 표면(겉모습)도 바르게 된다.

形	形	形	形						
형상 형		一 二 于 开 形 形							
端	端	端	端						
끝 단		立 立 立 竛 端 端							
表	表	表	表						
겉 표		十 主 丰 丰 表 表							
正	正	正	正						
바를 정		一 丁 下 正 正							

空谷傳聲 공곡전성

[성현(聖賢)의 말은] 빈 골짜기에서도 소리가 전해지듯이 멀리 퍼져 나가고,

空	空	空	空						
빌 공		丶 宀 穴 穵 空 空							
谷	谷	谷	谷						
골 곡		ノ 八 ク 仌 谷 谷							
傳	傳	傳	傳						
전할 전		伵 佰 使 倳 傳 傳							
聲	聲	聲	聲						
소리 성		声 声 殸 殸 聲 聲							

虛堂習聽 허당습청

(사람의 말은) 아무리 빈 집에서라도 신(神)은 익히 들을 수가 있다.

虛	虛	虛	虛						
빌 허		卜 广 虍 虍 虚 虛							
堂	堂	堂	堂						
집 당		丨 ⺌ 尚 尚 堂 堂							
習	習	習	習						
익힐 습		𠃌 习 习 羽 羽 習							
聽	聽	聽	聽						
들을 청		耳 耳 耳 聽 聽 聽							

禍因惡積 화인악적

악한 일을 하는 데서 재앙이 쌓이고,

禍	禍	禍	禍

재앙 화　　礻 礻口 礻冂 礻冎 禍 禍

因	因	因	因

인할 인　　丨 冂 円 囗 因 因

惡	惡	惡	惡

악할 악　　亞 亞 亞 亞 亞 惡

積	積	積	積

쌓을 적　　禾 秆 秸 積 積 積

福緣善慶 복연선경

착하고 경사스러운 일로 인연하여 복이 생긴다.

福	福	福	福

복 복　　礻 礻一 礻口 福 福 福

緣	緣	緣	緣

인연 연　　糹 紵 綒 緣 緣 緣

善	善	善	善

착할 선　　丷 丷 兰 羊 羊 善

慶	慶	慶	慶

경사 경　　户 户 庐 廌 廖 慶

尺璧非寶 척벽비보

한 자의 구슬이 진귀하지만 보배가 아니요,

尺	尺	尺	尺						
자 척		ㄱ ㅋ 尸 尺							
壁	壁								
구슬 벽		尸 吊 启 辟 辟 壁							
非	非	非	非						
아닐 비		丿 ㅋ ㅋ 刲 非 非							
寶	寶	寶	寶						
보배 보		宀 宇 寍 寗 寶 寶							

寸陰是競 촌음시경

한 치의 짧은 시간이야말로 보배이니 분 초를 아껴 힘써야(다투어야) 한다.

寸	寸	寸	寸						
마디 촌		一 十 寸							
陰	陰	陰	陰						
그늘 음		阝 阾 阾 险 陰 陰							
是	是	是	是						
이 시		日 旦 早 早 昰 是							
競	競	競	競						
다툴 경		音 音 竞 竞 競 競							

資父事君 자부사군

아비 섬기는 마음으로 임금을(나라를) 섬기되,

資	資	資	資
재물 자	冫 冫ᅩ 次 㳄 咨 資		
父	父	父	父
아비 부	ノ ハ 夕 父		
事	事	事	事
일 사	一 冖 亖 亘 亊 事		
君	君	君	君
임금 군	一 ㄱ ヨ 尹 君 君		

曰嚴與敬 왈엄여경

공경함과 더불어 엄숙해야 할지니라.

曰	曰	曰	曰
가로 왈	丨 冂 曰 曰		
嚴	嚴	嚴	嚴
엄할 엄	罒 罒 罒 罒 罒 嚴		
與	與	與	與
더불 여	𦥑 𦥑 𦥑 𦥑 𦥑 與		
敬	敬	敬	敬
공경할 경	艹 艹 芍 苟 苟 敬		

孝當竭力 효당갈력

효도는 마땅히 있는 힘을 다해야 할 것이요,

孝	孝	孝	孝						
효도 효		十 土 耂 耂 考 孝							
當	當	當	當						
마땅 당		⺌ 尚 常 常 當 當							
竭	竭	竭	竭						
다할 갈		亠 立 竌 竭 竭 竭							
力	力	力	力						
힘 력		㇆ 力							

忠則盡命 충즉진명

충성은 목숨이 다할 때까지 힘써 해야 할지니라.

忠	忠	忠	忠						
충성 충		丶 冂 口 中 忠 忠							
則	則	則	則						
곧 즉		丨 冂 目 貝 貝 則							
盡	盡	盡	盡						
다할 진		聿 聿 聿 聿 盡 盡							
命	命	命	命						
목숨 명		人 亼 合 合 命 命							

臨深履薄 임심리박

(충효의 길은 마치) 깊은 연못에 임하듯, 얇은 얼음 위를 건듯이 조심해야 하며,

臨	臨	臨	臨						
임할 **림**(임)	丅 予 臣 臣𠂉 臨 臨								
深	深	深	深						
깊을 **심**	氵 氵冖 氵冖 氵罒 氵罙 深								
履	履	履	履						
밟을 **리**	尸 屏 屖 屜 履 履								
薄	薄	薄	薄						
얇을 **박**	艹 蒲 蒲 蒲 薄 薄								

夙興溫凊 숙흥온청

일찍 일어나 추우면 따뜻하게 하고, 더우면 서늘하게 섬겨야 한다.

夙	夙	夙	夙						
일찍 **숙**	丿 几 凡 风 夙 夙								
興	興	興	興						
일어날 **흥**	𠂉 冃 冃 冃 𦥑 興								
溫	溫	溫	溫						
따뜻할 **온**	氵 氵冂 泗 泗 淐 溫								
凊	凊	凊	凊						
서늘할 **청**(정)	冫 冫一 冫丰 冫丰 凊 凊								

似蘭斯馨 사란사형

(충효의 길을 다함에 있어) 난초와 같이 멀리까지 향기가 나고,

似	似	似	似						
같을 사		亻 亻 亻 亻 亻 似							
蘭	蘭	蘭	蘭						
난초 란		艹 ⺾ 門 門 蔄 蘭							
斯	斯	斯	斯						
이 사		甘 甘 其 斯 斯 斯							
馨	馨	馨	馨						
향내멀리 날 형		士 声 声 殸 殸 馨							

如松之盛 여송지성

(눈가운데) 소나무처럼 더욱 푸르고 무성하다.

如	如	如	如						
같을 여		𡿨 女 女 如 如 如							
松	松	松	松						
소나무 송		十 木 木 松 松 松							
之	之	之	之						
갈 지		丶 亠 之 之							
盛	盛	盛	盛						
성할 성		厂 万 成 成 盛 盛							

川流不息 천류불식

(이 같이 덕행은 한때의 명예뿐 아니고) 냇물의 흐름과 같이 꾸준히 게을리 하지 않으니,

川	川	川	川						
내 천	丿 川 川								
流	流	流	流						
흐를 류	氵 氵亠 浐 浐 济 流								
不	不	不	不						
아니 불(부)	一 丆 不 不								
息	息	息	息						
쉴 식	白 白 自 自 息 息								

淵澄取映 연징취영

(마치) 연못 물이 맑아서 속까지 비쳐 보이는 것과 같다.

淵	淵	淵	淵						
못 연	氵 氵 淵 淵 淵 淵								
澄	澄	澄	澄						
맑을 징	氵 氵 澄 澄 澄 澄								
取	取	取	取						
취할 취	一 丅 耳 耳 取 取								
映	映	映	映						
비칠 영	日 日 映 映 映 映								

容止若思 용지약사

행동거지를 단정히 하여 과실이 없도록 생각하고,

容	容	容	容						
얼굴 용	丶 宀 宂 穴 容 容								
止	止	止	止						
그칠 지	丨 ⺊ 𣥂 止								
若	若	若	若						
같을 약	十 艹 ナ 芢 若 若								
思	思	思	思						
생각 사	丨 冂 冃 田 思 思								

言辭安定 언사안정

말하는 것도 침착하고 안정하게 하여 (항상) 삼가해야 한다.

言	言	言	言						
말씀 언	丶 亠 亖 言 言 言								
辭	辭	辭	辭						
말씀 사	爫 𤔔 𤔔 𤔔 辭 辭								
安	安	安	安						
편안할 안	丶 丶 宀 宂 安 安								
定	定	定	定						
정할 정	宀 宀 宁 宁 定 定								

篤初誠美 독초성미

처음을 돈독하게 함은 참으로 아름다우며,

篤	篤	篤	篤						
도타울 독	⺊ ⺮ 竺 笁 篤 篤								
初	初	初	初						
처음 초	ㇷ 礻 礻 衤 衤 初								
誠	誠	誠	誠						
정성 성	言 訁 訪 誠 誠 誠								
美	美	美	美						
아름다울 미	丷 䒑 ⺷ 羊 美 美								

愼終宜令 신종의령

결말을 온전하게 신중히 마무리짓는 것이 마땅하다.

愼	愼	愼	愼						
삼갈 신	丶 忄 忙 愼 愼 愼								
終	終	終	終						
마칠 종	糸 糹 紁 終 終 終								
宜	宜	宜	宜						
마땅할 의	宀 宀 宜 宜 宜 宜								
令	令	令	令						
하여금 령	丿 人 亼 今 令								

榮業所基 영업소기

영화로운 사업의 기초(터)가 되는 바이니,

榮	榮	榮	榮						
영화 영		˘ ˟ 炏 𤇾 𫝀 榮							
業	業	業	業						
일 업		业 业 业 丵 業 業							
所	所	所	所						
바 소		ˋ 彐 户 戶 所 所							
基	基	基	基						
터 기		廿 甘 其 其 基 基							

籍甚無竟 적심무경

명성(名聲)이 자자해서 (세상에 널리 퍼져) 끝이 없어야 한다.

籍	籍	籍	籍						
문서 적		竺 箕 筣 簎 籍 籍							
甚	甚	甚	甚						
심할 심		一 廿 甘 甘 其 甚							
無	無	無	無						
없을 무		ノ 𠂉 ⺈ 無 無 無							
竟	竟	竟	竟						
마칠 경		亠 立 立 音 音 竟							

學優登仕 학우등사

학덕이(배움)이 넉넉한 사람은 벼슬에 오르고,

學	學	學	學						
배울 학		⺊ 𦥑 𦥯 𦦓 學 學							
優	優	優	優						
넉넉할 우		亻 俨 偪 優 優 優							
登	登	登	登						
오를 등		ノ 癶 癶 登 登 登							
仕	仕	仕	仕						
벼슬 사		丿 亻 仁 什 仕							

攝職從政 섭직종정

직무(職務)를 맡아 한 나라의 정사(政事)에 참여한다.

攝	攝	攝	攝						
잡을 섭		扌 扩 拝 挕 攝 攝							
職	職	職	職						
일 직		耳 耻 聕 職 職 職							
從	從	從	從						
좇을 종		彳 从 彸 従 從 從							
政	政	政	政						
정사 정		丅 正 正 政 政 政							

存以甘棠 존이감당

감당(甘棠)나무를 그대로 두어,

存	存	存	存						
있을 존		一 ナ 才 𡕒 存 存							
以	以	以	以						
써 이		丨 𠄌 𠄌 以 以							
甘	甘	甘	甘						
달 감		一 十 廾 甘 甘							
棠	棠	棠	棠						
아가위 당		丨 ⺌ 龸 尚 堂 棠							

去而益詠 거이익영

그가 간 뒤에도 그 시(詩)를 읊었다.

去	去	去	去						
갈 거		一 十 土 去 去							
而	而	而	而						
말이을 이		一 丆 𠂆 丙 而 而							
益	益	益	益						
더할 익		八 亼 兴 谷 益 益							
詠	詠	詠	詠						
읊을 영		言 言 訁 訂 詠 詠							

樂殊貴賤 악수귀천

풍류는 사람의 귀천에 따라 정도를 달리했고,

樂	樂	樂	樂						
풍류 악									
殊	殊	殊	殊						
다를 수									
貴	貴	貴	貴						
귀할 귀									
賤	賤	賤	賤						
천할 천									

禮別尊卑 예별존비

예도는 높고 낮은 것을 구별하도록 했다.

禮	禮	禮	禮						
예도 례(예)									
別	別	別	別						
다를 별									
尊	尊	尊	尊						
높을 존									
卑	卑	卑	卑						
낮을 비									

上和下睦 상화하목

윗사람이 온화해야 아랫사람도 화목하고,

上	上	上	上						
위 상		丨 ⺊ 上							
和	和	和	和						
화할 화		ノ 二 千 禾 和 和							
下	下	下	下						
아래 하		一 丅 下							
睦	睦	睦	睦						
화목할 목		目 盽 睦 睦 睦 睦							

夫唱婦隨 부창부수

남편이 부르면 아내는 거기에 순종해 따라야 한다.

夫	夫	夫	夫						
지아비 부		一 二 夫 夫							
唱	唱	唱	唱						
노래할 창		口 口 叩 唱 唱 唱							
婦	婦	婦	婦						
지어미 부		女 女 妇 婦 婦 婦							
隨	隨	隨	隨						
따를 수		阝 阹 隋 隋 隨 隨							

外受傳訓 외수부훈

밖에 나가서는 스승의 가르침을 받으며,

外	外	外	外						
바깥 외		丿 ク 夕 夘 外							
受	受	受	受						
받을 수		⺈ 爫 爫 爫 孚 受							
傳	傳	傳	傳						
스승 부		亻 亻 佰 佰 俥 傳							
訓	訓	訓	訓						
가르칠 훈		亠 亠 言 訁 訓 訓							

入奉母儀 입봉모의

집에 들어와서는 어머니의 행동을 본받는다.

入	入	入	入						
들 입		丿 入							
奉	奉	奉	奉						
받들 봉		一 三 丰 夫 叁 奉							
母	母	母	母						
어미 모		𠃋 毌 毌 毌 母							
儀	儀	儀	儀						
거동 의		亻 佯 佯 儀 儀 儀							

諸姑伯叔 제고백숙

고모(姑母)와 백부(伯父)·숙부(叔父)는 모두 아버지의 형제 자매이며,

諸	諸	諸	諸						
여러 제	言 計 計 詳 諸 諸								
姑	姑	姑	姑						
고모 고	女 女 女 女 姑 姑								
伯	伯	伯	伯						
맏 백	ノ 亻 亻 亻 伯 伯								
叔	叔	叔	叔						
아저씨 숙	上 上 卡 未 叔 叔								

猶子比兒 유자비아

조카는 형제의 자식이니 자기 친자식처럼 보살펴야 한다.

猶	猶	猶	猶						
같을 유	犭 犭 犷 猶 猶 猶								
子	子	子	子						
아들 자	了 了 子								
比	比	比	比						
견줄 비	一 上 比 比								
兒	兒	兒	兒						
아이 아	𠂆 臼 臼 臼 兒 兒								

孔懷兄弟 공회형제

간절히 생각되는 것은 형과 아우의 사이이니(형제간이니),

孔	孔	孔	孔						
구멍 공		㇇ 了 子 孔							
懷	懷	懷	懷						
품을 회		忄 忄 忄 忄 懐 懷							
兄	兄	兄	兄						
맏 형		丨 冂 口 尸 兄							
弟	弟	弟	弟						
아우 제		丶 丷 䒑 弓 弟 弟							

同氣連枝 동기연지

동기(同氣 형제자매)란 원래 한 나무에서 나누어진 가지와 같기 때문이다.

同	同	同	同						
한가지 동		丨 冂 冂 冋 同 同							
氣	氣	氣	氣						
기운 기		𠂉 𠂉 气 気 氣 氣							
連	連	連	連						
이을 련(연)		百 亘 車 連 連 連							
枝	枝	枝	枝						
가지 지		十 木 朩 朩 枝 枝							

交友投分 교우투분

벗의 사귐에는 분수에 따라 의기가 투합해야 하고,

交	交	交	交						
사귈 교		丶 亠 亣 六 㐲 交							
友	友	友	友						
벗 우		一 ナ 方 友							
投	投	投	投						
던질 투		一 十 扌 扐 投 投							
分	分	分	分						
나눌 분		丿 八 分 分							

切磨箴規 절마잠규

학문과 덕행을 갈고 닦아, 서로 장래를 경계하고 잘못을 바르게 잡아주어야 한다.

切	切	切	切						
끊을 절		一 七 切 切							
磨	磨	磨	磨						
갈 마		广 广 庐 麻 磨 磨							
箴	箴	箴	箴						
경계할 잠		竹 笇 笸 箴 箴 箴							
規	規	規	規						
법 규		二 夫 扣 相 規 規							

仁慈隱惻 인자은측

어질고 사랑하며 측은히 여기는 마음이,

仁	仁	仁	仁						
어질 인		ノ 亻 仁 仁							
慈	慈	慈	慈						
사랑 자		丷 玄 玆 玆 慈 慈							
隱	隱	隱	隱						
숨을 은		阝 阝 阝 隱 隱 隱							
惻	惻	惻	惻						
슬플 측		忄 忄 忄 惻 惻 惻							

造次弗離 조차불리

잠시 동안이나마 마음속에서 떠나서는 안된다.

造	造	造	造						
지을 조		牛 生 告 告 浩 造							
次	次	次	次						
버금 차		丶 冫 冫 次 次 次							
弗	弗	弗	弗						
아닐 불		一 コ 弓 弗 弗							
離	離	離	離						
떠날 리		离 离 离 離 離 離							

節義廉退 절의렴퇴

절개와 의리, 청렴함과 물러남은 군자의 신조이니,

節	節	節	節						
절개 절		⺮ 笞 笣 筤 節 節							
義	義	義	義						
옳을 의		羊 差 羊 義 義 義							
廉	廉	廉	廉						
청렴할 렴		广 产 产 庠 廉 廉							
退	退	退	退						
물러날 퇴		ㄱ ㅋ 艮 艮 艮 退							

顚沛匪虧 전패비휴

넘어지고 자빠져도 이지러져서는 아니된다.

顚	顚	顚	顚						
넘어질 전		匕 旨 眞 眞 顚 顚							
沛	沛	沛	沛						
자빠질 패		丶 氵 氵 沪 汴 沛							
匪	匪	匪	匪						
아닐 비		一 丁 ヨ 非 非 匪							
虧	虧	虧	虧						
이지러질 휴		广 虍 虍 虚 虧 虧							

性靜情逸 성정정일

성품이 고요하면 마음이 편안하고,

性	性	性	性

성품 성

靜	靜	靜	靜

고요할 정

情	情	情	情

뜻 정

逸	逸	逸	逸

편안할 일

心動神疲 심동신피

마음이 움직이면 정신이 피곤해진다.

心	心	心	心

마음 심

動	動	動	動

움직일 동

神	神	神	神

정신 신

疲	疲	疲	疲

피곤할 피

守眞志滿 수진지만

참된 도리를 지키면 뜻이 가득 차고,

守	守	守	守						
지킬 수	丶 丶 宀 宀 守 守								
眞	眞	眞	眞						
참 진	一 匕 皀 直 直 眞								
志	志	志	志						
뜻 지	一 十 士 志 志 志								
滿	滿	滿	滿						
찰 만	氵 氵 汫 満 滿 滿								

逐物意移 축물의이

물욕(物慾)을 좇아 이리저리 움직이면 의지도 자리를 잡을 수 없다.

逐	逐	逐	逐						
쫓을 축	一 丆 豕 豕 豕 逐								
物	物	物	物						
만물 물	𠂉 牛 牜 牞 物 物								
意	意	意	意						
뜻 의	立 音 音 音 意 意								
移	移	移	移						
옮길 이	丿 二 千 禾 秒 移								

堅持雅操 견지아조

올바른 지조를 굳게 지켜 가지면,

堅	堅	堅	堅						
굳을 견	丨 𠃊 𦣝 臣 臤 堅								
持	持	持	持						
가질 지	扌 扌 扗 持 持 持								
雅	雅	雅	雅						
바를 아	一 牙 牙 牙 牙 雅								
操	操	操	操						
지조 조	扌 扌 扌 扌 操 操								

好爵自縻 호작자미

좋은 벼슬이 스스로 얽혀 들어온다.

好	好	好	好						
좋을 호	𡿨 女 女 女 好 好								
爵	爵	爵	爵						
벼슬 작	爫 罒 爵 爵 爵 爵								
自	自	自	自						
스스로 자	ノ 亻 白 白 自 自								
縻	縻	縻	縻						
얽어맬 미	亠 广 广 麻 縻 縻								

都邑華夏 도읍화하

도읍을 화하(華夏)에 정하니,

都	都	都	都						
도읍 도		土 耂 耂 者 者 都							
邑	邑	邑	邑						
고을 읍		口 口 吕 吕 邑 邑							
華	華	華	華						
빛날 화		艹 艹 芒 茾 莑 華							
夏	夏	夏	夏						
여름 하		一 丆 百 頁 夏 夏							

東西二京 동서이경

(시대에 따라) 동경(東京)과 서경(西京)의 둘로 나뉘게 되었다.

東	東	東	東						
동녘 동		一 百 日 申 東 東							
西	西	西	西						
서녘 서		一 丆 丙 丙 西 西							
二	二	二	二						
두 이		一 二							
京	京	京	京						
서울 경		亠 亡 古 亨 亨 京							

背邙面洛 배망면락

[동경(東京, 낙양)은] 북망산을 등지고 낙수(洛水)를 바라보고 있으며,

背	背	背	背						
등 배									
邙	邙	邙	邙						
북망산 망									
面	面	面	面						
낯 면									
洛	洛	洛	洛						
낙수 락									

浮渭據涇 부위거경

[서경(西京, 장안)은] 위수(渭水) 가에 있으며, 경수(涇水)를 둘러 의지하고 있다.

浮	浮	浮	浮						
뜰 부									
渭	渭	渭	渭						
위수 위									
據	據	據	據						
의지할 거									
涇	涇	涇	涇						
경수 경									

宮殿盤鬱 궁전반울

궁(宮)과 전(殿)은 (크고)울창하게 서리었고,

宮	宮	宮	宮						
집 궁			宀 宀 宀 宀 宀 宮						
殿	殿	殿	殿						
대궐 전			コ 尸 屈 展 展 殿						
盤	盤	盤	盤						
서릴 반			⺆ 月 舟 舟 般 盤						
鬱	鬱	鬱	鬱						
울창할 울			林 林 林 林 林 鬱						

樓觀飛驚 누관비경

(높은) 누각은 하늘을 나는 듯하여 놀랍다.

樓	樓	樓	樓						
다락 루(누)			木 杩 椚 椙 楼 樓						
觀	觀	觀	觀						
볼 관			艹 苦 萑 雚 雚 觀						
飛	飛	飛	飛						
날 비			飞 飞 飞 飞 飛 飛						
驚	驚	驚	驚						
놀랄 경			苟 敬 敬 敬 驚 驚						

圖寫禽獸 도사금수

(궁전 누각 안에는) 새와 짐승을 그린 그림이 있고,

圖	圖	圖	圖						
그림 도		冂 冎 啚 啚 圖 圖							
寫	寫	寫	寫						
베낄 사		宀 宀 宀 寫 寫 寫							
禽	禽	禽	禽						
날짐승 금		人 今 今 禽 禽 禽							
獸	獸	獸	獸						
짐승 수		口 吅 嘼 嘼 獸 獸							

畫彩仙靈 화채선령

신선과 신령들의 모습도 채색하여 그렸다.

畫	畫	畫	畫						
그림 화		一 ⺕ 聿 聿 書 畫							
彩	彩	彩	彩						
채색 채		爫 爫 采 采 采 彩							
仙	仙	仙	仙						
신선 선		丿 亻 仆 仙 仙							
靈	靈	靈	靈						
신령 령		一 雨 霝 霝 靈 靈							

丙舍傍啓 병사방계

(궁중 신하들이 쉬는) 병사(丙舍)의 문은 정전(正殿) 곁에 열려 있고,

丙	丙	丙	丙						
남녘 병		一 丆 冂 丙 丙							
舍	舍	舍	舍						
집 사		亼 亽 今 仝 舍 舍							
傍	傍	傍	傍						
곁 방		亠 亣 产 产 产 旁							
啓	啓	啓	啓						
열 계		丿 户 户 户 户 啓							

甲帳對楹 갑장대영

갑장(甲帳, 궁중에 있는 휘장)은 큰 기둥에 둘려 있다.

甲	甲	甲	甲						
갑옷 갑		丨 冂 日 日 甲							
帳	帳	帳	帳						
휘장 장		巾 帀 帀 帐 帐 帳							
對	對	對	對						
대할 대		丨 业 业 业 丵 對							
楹	楹	楹	楹						
기둥 영		木 杩 杩 枷 楹 楹							

肆筵設席 사연설석

큰 돗자리를 펴서 자리를 마련하고,

肆	肆	肆	肆						
베풀 사		丨 ⺊ 𠂉 镸 肆 肆							
筵	筵	筵	筵						
대자리 연		⺮ 竹 竺 筵 筵 筵							
設	設	設	設						
베풀 설		亠 言 言 訁 設 設							
席	席	席	席						
자리 석		广 广 庐 庐 席 席							

鼓瑟吹笙 고슬취생

비파를 타고 생황을 분다.

鼓	鼓	鼓	鼓						
북 고		士 吉 壴 鼓 鼓 鼓							
瑟	瑟	瑟	瑟						
비파 슬		王 玨 玨 瑟 瑟 瑟							
吹	吹	吹	吹						
불 취		口 口 口 吹 吹 吹							
笙	笙	笙	笙						
생황 생		⺮ 竹 笙 笙 笙 笙							

陞階納陛 승계납폐

섬돌(계단)을 오르고 천자의 뜰에 들어가니,

陞	陞	陞	陞						
오를 승	丨 阝 阝 [illegible] [illegible] 陞								
階	階	階	階						
섬돌 계	阝 阝 [illegible] [illegible] [illegible] 階								
納	納	納	納						
들일 납	幺 糸 糸 [illegible] 納 納								
陛	陛	陛	陛						
대궐섬돌 폐	丨 阝 [illegible] [illegible] [illegible] 陛								

弁轉疑星 변전의성

(고관대작들의) 관(冠)에 장식한 보석 구르는 것이 별인 듯 의심스럽다.

弁	弁	弁	弁						
고깔 변	厶 厶 厶 [illegible] 弁								
轉	轉	轉	轉						
구를 전	[illegible] [illegible] [illegible] [illegible] 轉 轉								
疑	疑	疑	疑						
의심할 의	[illegible] [illegible] [illegible] [illegible] [illegible] 疑								
星	星	星	星						
별 성	日 [illegible] 旦 早 [illegible] 星								

右通廣內 우통광내

오른쪽으로는 도서를 갖춘 광내전(廣內殿)에 통하고,

右	右	右	右						
오른쪽 우		一 ナ 才 右 右							
通	通	通	通						
통할 통		ᄀ 甬 甬 涌 诵 通							
廣	廣	廣	廣						
넓을 광		广 产 庿 庿 廣 廣							
內	內	內	內						
안 내		丨 冂 冂 內							

左達承明 좌달승명

왼쪽으로는 숙직하고 쉬는 승명려(承明廬)에 이른다.

左	左	左	左						
왼쪽 좌		一 ナ 𠂇 左 左							
達	達	達	達						
통달할 달		土 去 幸 幸 幸 達							
承	承	承	承						
이을 승		了 了 手 承 承 承							
明	明	明	明						
밝을 명		丨 П 日 旫 明 明							

旣集墳典 기집분전

이미 삼분(三墳)과 오전(五典) 같은 고전의 책을 많이 모으고,

旣	旣	旣	旣						
이미 기			白 皀 皀 皀 皀 旣						
集	集	集	集						
모을 집			亻 亻 什 隹 隼 集						
墳	墳	墳	墳						
무덤 분			圹 坮 埣 墳 墳 墳						
典	典	典	典						
법 전			口 曲 曲 曲 典 典						

亦聚群英 역취군영

또한, 학식과 재능에 출중한 영재(학자)들을 모았다.

亦	亦	亦	亦						
또 역			丶 亠 亣 亣 亦 亦						
聚	聚	聚	聚						
모을 취			耳 取 取 聚 聚 聚						
群	群	群	群						
무리 군			尹 君 君 君 群 群						
英	英	英	英						
영재 영			艹 艹 芇 苂 英 英						

杜藁鍾隷 두고종례

글씨로는 두백도(杜伯度)의 초서(草書)와 종요(鍾繇)의 예서(隷書)가 있고,

杜	杜	杜	杜						
막을 두			一 十 才 木 朴 杜						
藁	藁	藁	藁						
볏집 고			藁						
鍾	鍾	鍾	鍾						
쇠북 종			鍾						
隷	隷	隷	隷						
예서 례			隷						

漆書壁經 칠서벽경

글로는 대나무 쪽에 옻칠로 쓴 과두문과 공자의 옛집 벽 속에서 나온 경서가 있다.

漆	漆	漆	漆						
옻 칠			氵 汢 汯 沬 漆 漆						
書	書	書	書						
글 서			書						
壁	壁	壁	壁						
바람벽 벽			尸 启 辟 壁						
經	經	經	經						
경서 경			幺 糸 經						

府羅將相 부라장상

관부(官府)에는 장수와 정승들이 벌여 있고,

府	府	府	府						
관청 부			亠 广 庁 庐 府 府						
羅	羅	羅	羅						
벌일 라			罒 罖 罗 罹 羅 羅						
將	將	將	將						
장수 장			丨 丬 爿 爿 將 將						
相	相	相	相						
정승 상			一 十 木 札 机 相						

路俠槐卿 노협괴경

길에는 삼공(三公)과 구경(九卿)의 집들을 끼고 있다.

路	路	路	路						
길 로(노)			口 早 足 足 路 路						
俠	俠	俠	俠						
낄 협			亻 仁 仒 伙 俠 俠						
槐	槐	槐	槐						
삼공 괴			一 十 木 枊 槐 槐						
卿	卿	卿	卿						
벼슬 경			乒 乒 卵 卵 卿 卿						

户封八縣 호봉팔현

(귀족이나 공신에게는) 민가 여덟 현을 봉해주고,

한자	훈음	필순
户	지게 호	´ 丆 户 户
封	봉할 봉	土 圭 圭 圭 封 封
八	여덟 팔	ノ 八
縣	고을 현	目 县 県 県 縣 縣

家給千兵 가급천병

그들의 집에는 천 명의 군사를 주었다.

한자	훈음	필순
家	집 가	宀 宀 宁 家 家 家
給	줄 급	幺 糸 糸 紒 給 給
千	일천 천	ノ 二 千
兵	군사 병	ノ 𠂆 斤 斤 丘 兵

高冠陪輦 고관배련

높은 관(冠)을 쓰고 임금의 수레를 모시니,

高	高	高	高						
높은 고	丶 亠 亯 亯 高 高								
冠	冠	冠	冠						
갓 관	冖 冖 冖 冗 冠 冠								
陪	陪	陪	陪						
모실 배	阝 阝 阝 阝 陪 陪								
輦	輦	輦	輦						
수레 련	二 夫 扶 替 輦 輦								

驅轂振纓 구곡진영

수레를 몰 때마다 관끈도 흔들린다.

驅	驅	驅	驅						
몰 구	馬 馬 馬 馬 驅 驅								
轂	轂	轂	轂						
바퀴통 곡	士 士 圭 壴 轂 轂								
振	振	振	振						
떨칠 진	扌 扌 扌 振 振 振								
纓	纓	纓	纓						
갓끈 영	幺 糸 糸 糸 纓 纓								

世祿侈富 세록치부

대대로 주는 녹봉은 사치스러울 만큼 많으며,

世 世 世 世

인간 세 　一 十 卄 廿 世

祿 祿 祿 祿

녹봉 록 　亍 礻 礻 祀 祿 祿

侈 侈 侈 侈

사치할 치 　丿 亻 亻 亻 亻 侈

富 富 富 富

부자 부 　宀 宀 富 富 富 富

車駕肥輕 거가비경

말은 살찌고 수레는 가볍다.

車 車 車 車

수레 거 　一 冂 冂 日 亘 車

駕 駕 駕 駕

수레 가 　力 加 架 駕 駕 駕

肥 肥 肥 肥

살찔 비 　刀 月 肝 肥 肥 肥

輕 輕 輕 輕

가벼울 경 　日 亘 車 軒 輕 輕

策功茂實 책공무실

큰 공 세우기를 도모하여 공훈이 무성하고 충실하니,

策	策	策	策						
꾀 책		𠂉 𥫗 竺 笞 笫 策							
功	功	功	功						
공 공		一 丁 工 玎 功							
茂	茂	茂	茂						
무성할 무		十 艹 芦 芪 茂 茂							
實	實	實	實						
열매 실		宀 宀 宎 寊 實 實							

勒碑刻銘 늑비각명

공적을 비석에 기록하고 글을 지어 돌에 새긴다.

勒	勒	勒	勒						
굴레 륵(늑)		一 十 廾 苎 革 勒							
碑	碑	碑	碑						
비석 비		石 石' 矽 砷 碑 碑							
刻	刻	刻	刻						
새길 각		亠 亡 方 亥 亥 刻							
銘	銘	銘	銘						
새길 명		丿 𠂉 金 鈫 銘 銘							

磻溪伊尹 반계이윤

문왕은 반계에서 강태공을 얻고 은의 탕왕은 신야에서 밭가는 이윤을 맞으니,

磻	磻	磻	磻						
강 이름 반			丆 石 石 砰 磔 磻						
溪	溪	溪	溪						
시내 계			氵 氵 氵 泙 溪 溪						
伊	伊	伊	伊						
저 이			丿 亻 仃 伊 伊 伊						
尹	尹	尹	尹						
다스릴 윤			㇆ 彐 彐 尹						

佐時阿衡 좌시아형

그들은 때를 도와 나라를 구하고 이윤은 아형의 칭호를 얻었다.

佐	佐	佐	佐						
도울 좌			亻 仁 仕 佐 佐 佐						
時	時	時	時						
때 시			日 日 旪 旹 時 時						
阿	阿	阿	阿						
언덕 아			阝 阝 阝 阿 阿 阿						
衡	衡	衡	衡						
저울 형			彳 彳 徻 衡 衡 衡						

奄宅曲阜 엄택곡부

노나라 도읍지 곡부에 큰 집을 정해 주었으니,

奄	奄	奄	奄						
문득 엄									
宅	宅	宅	宅						
집 택									
曲	曲	曲	曲						
굽을 곡									
阜	阜	阜	阜						
언덕 부									

微旦孰營 미단숙영

주공(周公) 단이 아니면 누가 이 일을 경영했으랴.

微	微	微	微						
작을 미									
旦	旦	旦	旦						
아침 단									
孰	孰	孰	孰						
누구 숙									
營	營	營	營						
경영할 영									

桓公匡合 환공광합

제나라 환공은 천하를 바로잡아 제후(諸侯)들을 모으고,

桓	桓	桓	桓						
굳셀 환	十 木 朩 朽 栢 桓								
公	公	公	公						
공평할 공	丿 八 公 公								
匡	匡	匡	匡						
바를 광	一 二 三 干 王 匡								
合	合	合	合						
모을 합	丿 人 亼 仒 合 合								

濟弱扶傾 제약부경

약한 자를 구제하고 기우는 나라를 붙들어 일으켰다.

濟	濟	濟	濟						
구제할 제	氵 氵 浐 浐 濟 濟								
弱	弱	弱	弱						
약할 약	乛 コ 弓 弓 弱 弱								
扶	扶	扶	扶						
도울 부	扌 扌 扌 扌 抉 扶								
傾	傾	傾	傾						
기울 경	亻 亻 化 化 傾 傾								

綺回漢惠 기회한혜

기리계(綺里季)는 한나라 혜제(惠帝)의 태자 자리를 회복시키고,

綺	綺	綺	綺						
비단 기	纟 糸 紌 綺 綺 綺								
回	回	回	回						
돌아올 회	丨 冂 冂 冋 冋 回								
漢	漢	漢	漢						
한수 한	氵 洪 淁 漟 漢 漢								
惠	惠	惠	惠						
은혜 혜	一 帀 亩 恵 惠 惠								

說感武丁 설감무정

부열(傅說)은 무정(武丁) 임금의 꿈에 나타나 그를 감동시켜(재상이 되었다).

說	說	說	說						
말씀 설	丷 忄 忙 怡 悅 悅								
感	感	感	感						
느낄 감	厂 后 咸 咸 咸 感								
武	武	武	武						
호반 무	二 亍 亍 正 武 武								
丁	丁	丁	丁						
장정 정	一 丁								

俊乂密勿 준예밀물

재주와 덕이 많은 이들이 조정에 모여 힘써 일하고,

俊	俊	俊	俊						
준걸 준			亻 亻 仁 仫 俊 俊						
乂	乂	乂	乂						
어질 예			丿 乂						
密	密	密	密						
빽빽할 밀			丶 宀 宓 宓 宻 密						
勿	勿	勿	勿						
말 물			丿 勹 勺 勿						

多士寔寧 다사식녕

많은 선비가 모이니 천하가 편안하다.

多	多	多	多						
많을 다			丿 ク 夕 夕 多 多						
士	士	士	士						
선비 사			一 十 士						
寔	寔	寔	寔						
이 식			丶 宀 宜 寔 寔 寔						
寧	寧	寧	寧						
편안할 녕			宀 宀 宓 寍 寍 寧						

晉楚更霸 진초갱패

진나라와 초나라는 다시 패권을 잡았으나,

晉	晉	晉	晉						
진나라 진	一 ㄏ ㄨ 亚 亞 晉								
楚	楚	楚	楚						
초나라 초	十 木 林 林 梺 楚								
更	更	更	更						
다시 갱	一 ㄇ 冂 百 更 更								
霸	霸	霸	霸						
으뜸 패	雨 雫 雫 雫 霸 霸								

趙魏困橫 조위곤횡

조나라와 위나라는 연횡책으로 곤란을 겪었다.

趙	趙	趙	趙						
조나라 조	土 キ 走 走 趙 趙								
魏	魏	魏	魏						
위나라 위	禾 委 委 委 魏 魏								
困	困	困	困						
곤할 곤	丨 冂 冃 用 困 困								
橫	橫	橫	橫						
가로 횡	十 木 杧 栱 横 橫								

假途滅虢 가도멸괵

길을 빌려 괵나라를 멸했고,

假 假 假 假

거짓 가 亻 亻 作 作 作 假

途 途 途 途

길 도 人 亼 全 余 涂 途

滅 滅 滅 滅

멸할 멸 氵 氵 沪 泝 滅 滅

虢 虢 虢 虢

나라이름 괵 爫 寽 寽 虢 虢 虢

踐土會盟 천토회맹

천토에서 제후들을 모아 (주나라 천자를 섬기도록) 맹세하게 했다.

踐 踐 踐 踐

밟을 천 足 足 践 践 践 踐

土 土 土 土

흙 토 一 十 土

會 會 會 會

모을 회 人 合 侖 侖 會 會

盟 盟 盟 盟

맹세 맹 明 明 明 明 盟 盟

何遵約法 하준약법

소하(蕭何)는 약법(約法, 간소한 법)으로 나라를 다스렸고,

何	何	何	何						
어찌 하		丿 亻 仁 仃 何 何							
遵	遵	遵	遵						
좇을 준		䒑 台 酋 尊 遵							
約	約	約	約						
맺을 약		幺 糸 糸 約 約 約							
法	法	法	法						
법 법		氵 汁 汁 法 法 法							

韓弊煩刑 한폐번형

한비자는 번거롭고 가혹한 형벌로 (진시황에게 권했다가) 해를 입었다.

韓	韓	韓	韓						
나라 한		古 卓 韓 韓 韓 韓							
弊	弊	弊	弊						
해질 폐		丷 敝 敝 敝 敝 弊							
煩	煩	煩	煩						
번거로울 번		丷 火 炉 炘 煩 煩							
刑	刑	刑	刑						
형벌 형		一 二 チ 开 刑 刑							

起翦頗牧 기전파목

진(秦)나라 장수 백기(白起)와 왕전(王翦), 조나라 장수 염파(廉頗)와 이목(李牧)은,

起	起	起	起						
일어날 기			土 丰 走 起 起 起						
翦	翦	翦	翦						
자를 전			丷 䒑 前 前 翦 翦						
頗	頗	頗	頗						
자못 파			广 皮 皮 頗 頗 頗						
牧	牧	牧	牧						
칠 목			牛 牛 牛 牜 牧 牧						

用軍最精 용군최정

용병술이 (군사 부리기를) 가장 정밀하게 했다.

用	用	用	用						
쓸 용			丿 冂 月 月 用						
軍	軍	軍	軍						
군사 군			冖 冖 冒 冒 軍 軍						
最	最	最	最						
가장 최			日 旦 早 旱 最 最						
精	精	精	精						
정밀할 정			米 米 粁 精 精 精						

宣威沙漠 선위사막

(명장들은) 사막에까지 위엄을 떨쳤으며.

宣	宣	宣	宣						
베풀 선		宀 宀 宁 宣 宣 宣							
威	威	威	威						
위엄 위		厂 反 反 威 威 威							
沙	沙	沙	沙						
모래 사		氵 氵 汌 沙 沙 沙							
漠	漠	漠	漠						
아득할 막		氵 汼 漠 漠 漠 漠							

馳譽丹青 치예단청

그 명예는 그림으로 그려져 후세에 전했다.

馳	馳	馳	馳						
달릴 치		馬 馬 馬 馳 馳 馳							
譽	譽	譽	譽						
기릴 예		與 與 與 與 與 譽							
丹	丹	丹	丹						
붉을 단		丿 刀 丹 丹							
青	青	青	青						
푸를 청		一 十 丰 青 青 青							

九州禹跡 구주우적

구주(九州)는 하나라 우(禹)임금 공적의 발자취이며,

九	九	九	九						
아홉 구		丿 九							
州	州	州	州						
고을 주		丶 丿 ⺌ 州 州 州							
禹	禹	禹	禹						
우임금 우		一 𠂆 𠂉 禹 禹 禹							
跡	跡	跡	跡						
자취 적		口 早 𧾷 跡 跡 跡							

百郡秦幷 백군진병

백 군(고을)을 둔 것은 진시황의 합병에서 시작된 것이다.

百	百	百	百						
일백 백		一 丆 了 百 百 百							
郡	郡	郡	郡						
고을 군		⺕ 尹 尹 君 郡 郡							
秦	秦	秦	秦						
나라 진		三 夫 夫 秦 秦 秦							
幷	幷	幷	幷						
아우를 병		丷 丷 幷 幷 幷 幷							

嶽宗恒岱 악종항대

5악(嶽) 중에서는 항산(恒山)과 대산(岱山, 泰山)이 제일이고,

嶽	嶽	嶽	嶽						
큰산 악									
宗	宗	宗	宗						
마루 종									
恒	恒	恒	恒						
항상 항									
岱	岱	岱	岱						
산이름 대									

禪主云亭 선주운정

봉선(封禪)의 제사 지낼 때는 운운산(云云山)과 정정산(亭亭山)을 소중하게 여겼다.

禪	禪	禪	禪						
터닦을 선									
主	主	主	主						
임금 주									
云	云	云	云						
이를 운									
亭	亭	亭	亭						
정자 정									

鴈門紫塞 안문자새

기러기 날으는 안문관(雁門關)에는 자새(만리장성)이 있으며,

鴈	鴈	鴈	鴈						
기러기 안		厂 ⺁ 㕓 ⺁ 鴈 鴈							
門	門	門	門						
문 문		丨 ㄱ 𠃌 ⺁ 門 門							
紫	紫	紫	紫						
자줏빛 자		此 此 𠀤 𠀤 紫 紫							
塞	塞	塞	塞						
변방 새		宀 宀 宀 寒 寒 塞							

鷄田赤城 계전적성

계전이라는 광활한 지역과 적성이 있다.

鷄	鷄	鷄	鷄						
닭 계		奚 奚 奚 鷄 鷄 鷄							
田	田	田	田						
밭 전		丨 冂 冂 田 田							
赤	赤	赤	赤						
붉을 적		一 十 土 赤 赤 赤							
城	城	城	城						
성 성		圵 圻 坊 城 城 城							

昆池碣石 곤지갈석

곤지는 장안 서남쪽에 있는 연못이고, 갈석은 북방 동해가에 있는 산이며,

昆	昆	昆	昆						
맏 곤			丨 口 日 旦 昆 昆 昆						
池	池	池	池						
못 지			丶 氵 氵 氵 汀 沖 池						
碣	碣	碣	碣						
비석 갈			丆 石 石 碣 碣 碣						
石	石	石	石						
돌 석			一 丆 不 石 石						

鉅野洞庭 거야동정

거야는 산동성에 있는 광대한 들판이고, 동정호는 호남성에 있는 제일의 호수다.

鉅	鉅	鉅	鉅						
클 거			𠂉 𠆢 金 釗 鉅 鉅						
野	野	野	野						
들 야			日 甲 里 野 野 野						
洞	洞	洞	洞						
마을 동			氵 氵 汌 洞 洞 洞						
庭	庭	庭	庭						
뜰 정			广 庐 庄 庄 庭 庭						

曠遠綿邈 광원면막

산천은 드넓어 아득하게 멀리 이어졌으며,

曠	曠	曠	曠						
밝을 광		日 旷 暆 曠 曠 曠							
遠	遠	遠	遠						
멀 원		十 土 吉 声 袁 遠							
綿	綿	綿	綿						
이어질 면		糸 糹 約 綿 綿 綿							
邈	邈	邈	邈						
멀 막		豸 豸 豹 貌 貌 邈							

巖岫杳冥 암수묘명

험한 산 바위와 골짜기는 동굴처럼 깊고 어둡다.

巖	巖	巖	巖						
바위 암		㗊 巖 巖 巖 巖 巖							
岫	岫	岫	岫						
산굴 수		丨 山 岓 岫 岫 岫							
杳	杳	杳	杳						
아득할 묘		一 十 木 杏 杳 杳							
冥	冥	冥	冥						
어두울 명		冖 冖 冝 冝 冥 冥							

治本於農 치본어농

농사로써 나라 다스리는 근본을 삼으니,

治	治	治	治						
다스릴 치	氵 氵 汁 汁 治 治								
本	本	本	本						
근본 본	一 十 才 木 本								
於	於	於	於						
어조사 어	丶 亠 方 方 於 於								
農	農	農	農						
농사 농	冖 曲 曲 農 農 農								

務茲稼穡 무자가색

곡식을 심고 거두는 일에 (정성을 다해) 힘써야 할 것이다.

務	務	務	務						
힘쓸 무	矛 矛 矛 矜 務 務								
玆	玆	玆	玆						
이 자	亠 亠 玄 玄 玆 玆								
稼	稼	稼	稼						
심을 가	二 禾 秆 秆 稼 稼								
穡	穡	穡	穡						
거둘 색	二 禾 秆 穡 穡 穡								

俶載南畝 숙재남묘

비로소 양지바른 남향 밭에 나가 일을 시작하니,

俶	俶	俶	俶						
비로소 숙		亻 仆 仩 仹 俶 俶							
載	載	載	載						
실을 재		土 壴 車 載 載 載							
南	南	南	南						
남녘 남		十 内 内 内 南 南							
畝	畝	畝	畝						
이랑 묘		亠 亩 亩 亩 畆 畝							

我藝黍稷 아예서직

나는 기장과 피를 심어 농사지으리라.

我	我	我	我						
나 아		二 于 手 找 我 我							
藝	藝	藝	藝						
재주 예		艹 芺 �津 蓺 蓺 藝							
黍	黍	黍	黍						
기장 서		二 千 禾 夭 黍 黍							
稷	稷	稷	稷						
피 직		二 禾 和 稈 稷 稷							

稅熟貢新 세숙공신

세금은 익은 곡식으로 내고, 새 곡식으로 공물을 바치니,

稅	稅	稅	稅						
세금 세			二 千 禾 禾 和 稅						
熟	熟	熟	熟						
익을 숙			古 亨 享 孰 孰 熟						
貢	貢	貢	貢						
바칠 공			工 干 而 首 貢 貢						
新	新	新	新						
새 신			立 辛 亲 亲 新 新						

勸賞黜陟 권상출척

잘하는 사람은 권장하여 상을 주고, 잘못한 이는 내쫓기도 한다.

勸	勸	勸	勸						
권할 권			艹 茳 萨 雚 勸 勸						
賞	賞	賞	賞						
상줄 상			尚 尚 當 賞 賞 賞						
黜	黜	黜	黜						
내칠 출			口 日 里 黑 黜 黜						
陟	陟	陟	陟						
오를 척			阝 阝 阼 阼 陟 陟						

孟軻敦素 맹가돈소

맹자는 하늘에서 받은 소성(素性, 성품)을 온전히 하려고 마음을 도탑게 길러왔고,

孟	孟	孟	孟						
맏 맹		子 孑 孓 孟 孟 孟							
軻	軻	軻	軻						
수레 가		亓 百 亘 車 軻 軻							
敦	敦	敦	敦						
도타울 돈		亠 古 享 享 享 敦							
素	素	素	素						
흴 소		圭 圭 妻 妻 素 素							

史魚秉直 사어병직

사어(史魚)는 조금도 굽힘이 없이 곧았다.

史	史	史	史						
역사 사		丶 口 口 史 史							
魚	魚	魚	魚						
물고기 어		ノ ク 凸 角 鱼 魚							
秉	秉	秉	秉						
잡을 병		一 三 手 手 秉 秉							
直	直	直	直						
곧을 직		一 十 冇 有 直 直							

庶幾中庸 서기중용

(치우침이 없는) 중용을 바라 얻으려면,

庶	庶	庶	庶						
여러 서		亠 广 户 庐 庻 庶							
幾	幾	幾	幾						
몇 기		丝 丝 丝 幾 幾 幾							
中	中	中	中						
가운데 중		丶 口 口 中							
庸	庸	庸	庸						
떳떳할 용		广 户 庐 肩 肩 庸							

勞謙謹勅 노겸근칙

(오직) 힘껏 일하고 겸손하며, 삼가하고 경계할 것이다.

勞	勞	勞	勞						
힘쓸 로(노)		丶 火 炊 炏 㷀 勞							
謙	謙	謙	謙						
겸손할 겸		言 言 訁 訁 謙 謙							
謹	謹	謹	謹						
삼갈 근		言 訁 訁 譁 謹 謹							
勅	勅	勅	勅						
칙서 칙		一 ㄇ 申 束 剌 勅							

聆音察理 영음찰리

목소리를 듣고 이치를 살피며,

聆	聆	聆	聆						
들을 령(영)	耳 耳 耹 耹 聆 聆								
音	音	音	音						
소리 음	丶 亠 立 产 音 音								
察	察	察	察						
살필 찰	宀 宀 宊 察 察 察								
理	理	理	理						
다스릴 리(이)	王 玾 玾 玾 理 理								

鑑貌辨色 감모변색

모양과 기색을 거울삼아 분별한다.

鑑	鑑	鑑	鑑						
거울 감	金 鉅 鉴 鉴 鑑 鑑								
貌	貌	貌	貌						
모양 모	丿 ⺈ 豸 豸 豹 貌								
辨	辨	辨	辨						
분별할 변	立 辛 辛 辛 辨 辨								
色	色	色	色						
빛 색	丿 ⺈ ⺈ 色 色 色								

貽厥嘉猷 이궐가유

그 아름다운 계책을 뒤에까지 남기고,

貽	貽	貽	貽						
끼칠 이	丨 冂 目 貝 貽 貽								
厥	厥	厥	厥						
그 궐	厂 厈 厔 屰 厥 厥								
嘉	嘉	嘉	嘉						
아름다울 가	一 士 吉 壴 嘉 嘉								
猷	猷	猷	猷						
꾀(계책) 유	八 台 酋 酋 酋 猷								

勉其祇植 면기지식

삼가하는 마음을 몸에 심도록 힘써야 한다.

勉	勉	勉	勉						
힘쓸 면	𠂊 召 免 免 勉 勉								
其	其	其	其						
그 기	一 十 廾 甘 甘 其								
祇	祇	祇	祇						
삼갈 지	亍 示 礻 祇 祇 祇								
植	植	植	植						
심을 식	木 朩 杧 植 植 植								

省躬譏誡 성궁기계

(항상 자신의) 몸을 살피고 남의 비방에 스스로 경계하며,

省	省	省	省						
살필 성	丨 小 少 省 省 省								
躬	躬	躬	躬						
몸 궁	亻 自 身 身 身 躬								
譏	譏	譏	譏						
나무랄 기	言 訁 訁 訁 譏 譏								
誡	誡	誡	誡						
경계할 계	言 言 言 訁 誡 誡								

寵增抗極 총증항극

임금의 사랑이 더할수록 조심하여 그 정도를 지켜야 한다.

寵	寵	寵	寵						
사랑할 총	宀 宀 宀 宀 寵 寵								
增	增	增	增						
더할 증	土 圹 圹 圹 圹 增								
抗	抗	抗	抗						
겨룰 항	一 扌 扌 扩 扩 抗								
極	極	極	極						
다할 극	木 朾 柯 柯 極 極								

殆辱近恥 태욕근치

위태로움과 욕됨은 부끄러움에 가까우니,

殆	殆	殆	殆						
위태할 태		歹 歹 歹ㄙ 歹ㄙ 殆 殆							
辱	辱	辱	辱						
욕될 욕		厂 层 辰 辰 辱 辱							
近	近	近	近						
가까울 근		厂 斤 斤 䜣 近 近							
恥	恥	恥	恥						
부끄러울 치		一 丅 F E 耳 恥							

林皐幸卽 임고행즉

숲이 있는 물가로 물러나서 한가함이 다행이다.

林	林	林	林						
수풀 림(임)		一 十 木 朩 村 林							
皐	皐	皐	皐						
못 고		ノ 白 白 皁 皐 皐							
幸	幸	幸	幸						
다행 행		十 土 去 去 坴 幸							
卽	卽	卽	卽						
곧 즉		白 白 皀 皀 卽 卽							

兩疏見機 양소견기

양소(疏廣·疏受)는 기미를 알고,

兩	兩	兩	兩						
두 량		一 丆 币 币 両 兩							
疏	疏	疏	疏						
트일 소		一 了 正 正 跡 疏							
見	見	見	見						
볼 견		丨 冂 月 目 貝 見							
機	機	機	機						
기미 기		木 枨 桦 機 機 機							

解組誰逼 해조수핍

인끈(관직)을 풀고 물러났는데 누가 그를 핍박할 수 있겠는가.

解	解	解	解						
풀 해		𠂊 角 角 角' 解 解							
組	組	組	組						
짤(인끈) 조		幺 糸 糸 組 組 組							
誰	誰	誰	誰						
누구 수		言 訁 訃 訃 誰 誰							
逼	逼	逼	逼						
핍박할 핍		一 百 畐 畐 逼 逼							

索居閒處 색거한처

한가한 곳을 찾아 사노라니,

索	索	索	索
찾을 색	一 十 士 玄 玄 索		
居	居	居	居
살 거	尸 尸 尸 尸 居 居		
閒	閒	閒	閒
한가할 한	丨 ㄗ ㄗ 門 閂 閒		
處	處	處	處
곳 처	卜 卢 广 虍 虔 處		

沈默寂寥 침묵적요

잠긴 듯 말이 없이 한가롭고 고요하구나.

沈	沈	沈	沈
잠길 침	丶 氵 氵 氵 沙 沈		
默	默	默	默
묵묵할 묵	日 甲 里 黑 默 默		
寂	寂	寂	寂
고요할 적	宀 宀 宇 宋 宋 寂		
寥	寥	寥	寥
고요 요(료)	丶 宀 宀 宀 宊 寥		

求古尋論 구고심론

옛 현인의 글을 읽어 길을 찾고 그 도(道)를 얻어 강론하며,

求	求	求	求						
구할 구	一 寸 寸 才 求 求								
古	古	古	古						
옛 고	一 十 十 古 古								
尋	尋	尋	尋						
찾을 심	彐 彐 尋 尋 尋 尋								
論	論	論	論						
논의할 론(논)	言 訁 訁 訡 論 論								

散慮逍遙 산려소요

번거로운 근심을 흩어버리고 한가로이 거닌다.

散	散	散	散						
흩을 산	一 卄 卄 昔 昔 散								
慮	慮	慮	慮						
생각 려	广 虍 虍 虍 慮 慮								
逍	逍	逍	逍						
거닐 소	丨 小 肖 肖 逍 逍								
遙	遙	遙	遙						
멀 요	ク 夕 夂 夅 遙 遙								

欣奏累遣 흔주루견

기쁨은 모여들고 번거로움이 사라지니,

欣	欣	欣	欣						
기쁠 흔		𠂆 斤 斤 斤' 欣 欣							
奏	奏	奏	奏						
아뢸 주		一 三 夫 夫 奏 奏							
累	累	累	累						
여러 루(누)		冂 冂 田 罒 累 累							
遣	遣	遣	遣						
보낼 견		中 虫 書 遣 遣 遣							

慼謝歡招 척사환초

슬픈 마음은 물러가고 즐거움은 자연히 온다.

慼	慼	慼	慼						
슬플 척		厂 厂 厈 戚 慼 慼							
謝	謝	謝	謝						
사례 사		訁 訃 謝 謝 謝 謝							
歡	歡	歡	歡						
기뻐할 환		艹 苗 萑 雚 歡 歡							
招	招	招	招						
부를 초		扌 扌 扨 招 招 招							

渠荷的歷 거하적력

개천(도랑)에 핀 연꽃은 밝게 피어 아름답고,

渠	渠	渠	渠						
개천 거	氵 汇 洰 洰 浲 渠								
荷	荷	荷	荷						
연꽃 하	艹 艹 䒑 茌 荷 荷								
的	的	的	的						
과녁 적	亻 白 白 的 的 的								
歷	歷	歷	歷						
지날 력	厂 厈 厈 厤 歷 歷								

園莽抽條 원망추조

동산에 우거진 풀들은 가지를 길게 뻗고 있다.

園	園	園	園						
동산 원	冂 冏 囘 園 園 園								
莽	莽	莽	莽						
풀우거질 망	艹 艹 艹 莽 莽 莽								
抽	抽	抽	抽						
뺄 추	扌 扌 扣 抽 抽 抽								
條	條	條	條						
가지 조	亻 亻 仫 攸 條 條								

枇杷晚翠 비파만취

(볼품없는) 비파나무 잎사귀는 늦게까지 (겨울철에도) 푸르고,

枇	枇	枇	枇						
비파나무 비	十 木 木 朼 朼 枇								
杷	杷	杷	杷						
비파나무 파	十 木 杷 杷 杷 杷								
晚	晚	晚	晚						
늦을 만	日 日 日 晗 晚 晚								
翠	翠	翠	翠						
푸를 취	翠 翠 翠 翠 翠 翠								

梧桐早凋 오동조조

오동나무의 (푸르고 큰) 잎은 일찍 시든다.

梧	梧	梧	梧						
오동나무 오	木 杧 杤 梧 梧 梧								
桐	桐	桐	桐						
오동나무 동	十 木 杁 桐 桐 桐								
早	早	早	早						
이를 조	丨 口 日 日 旦 早								
凋	凋	凋	凋						
시들 조	冫 冫 冂 凋 凋 凋								

陳根委翳 진근위예

묵은 나무뿌리들은 흙에 드러난 채 말라 버려졌고,

陳

베풀 진

根

뿌리 근

委

맡길 위

翳

가릴 예

落葉飄颻 낙엽표요

떨어진 나뭇잎은 바람에 불려 흩날린다.

落

떨어질 락(낙)

葉

잎사귀 엽

飄

나부낄 표

颻

바람에 날릴 요

遊鵾獨運 유곤독운

곤새만이 홀로 날면서,

遊	遊	遊	遊						
놀 유		方 方 斿 斿 游 遊							
鵾	鵾	鵾	鵾						
곤계 곤		日 昆 昆 鵾 鵾 鵾							
獨	獨	獨	獨						
홀로 독		犭 犭 犸 獨 獨 獨							
運	運	運	運						
돌 운		冖 冝 軍 軍 運 運							

凌摩絳霄 능마강소

붉은 하늘을 업신여기듯 마음대로 날아다닌다.

凌	凌	凌	凌						
업신여길 릉(능)		冫 汁 洼 泱 淩 凌							
摩	摩	摩	摩						
갈 마		丶 广 厂 麻 麾 摩							
絳	絳	絳	絳						
붉을 강		幺 幺 糸 終 絳 絳							
霄	霄	霄	霄						
하늘 소		一 乕 雨 雨 霄 霄							

耽讀翫市 탐독완시

왕충(王充)은 글 읽기를 탐하여 저자에 가서 책을 익히는데,

耽	耽	耽	耽						
즐길 탐			耳 耳 耳 耴 耽 耽						
讀	讀	讀	讀						
읽을 독			言 訁 請 請 讀 讀						
翫	翫	翫	翫						
갖고 놀 완			ㄱ 习 羽 習 習 翫						
市	市	市	市						
저자 시			丶 亠 亡 市 市						

寓目囊箱 우목낭상

한 번 보면 잊지 않아 마치 글을 주머니나 상자 속에 넣어 두는 것 같았다.

寓	寓	寓	寓						
붙일 우			丶 宀 宣 寓 寓 寓						
目	目	目	目						
눈 목			丨 冂 月 月 目						
囊	囊	囊	囊						
주머니 낭			亠 吉 壴 壴 壹 囊						
箱	箱	箱	箱						
상자 상			𥫗 竹 竿 箱 箱 箱						

易輶攸畏 이유유외

쉽고 대수롭지 않은 일을 두려워하고,

易	易	易	易						
쉬울 이		冂 日 日 尸 昜 易							
輶	輶	輶	輶						
가벼울 유		亘 車 軒 軜 輶 輶							
攸	攸	攸	攸						
바 유		亻 仆 攸 攸 攸 攸							
畏	畏	畏	畏						
두려울 외		丶 冂 日 田 畏 畏							

屬耳垣牆 속이원장

마치 담장에도 귀가 있듯이 함부로 경솔하게 말하지 말라.

屬	屬	屬	屬						
붙을 속		尸 屆 屬 屬 屬 屬							
耳	耳	耳	耳						
귀 이		一 丆 F F 王 耳							
垣	垣	垣	垣						
담 원		十 土 圹 垣 垣 垣							
牆	牆	牆	牆						
담 장		丬 爿 牀 牆 牆 牆							

具膳飡飯 구선손반

반찬을 갖추어 밥을 먹으니,

具	具	具	具						
갖출 구	丨 冂 目 且 具 具								
膳	膳	膳	膳						
반찬 선	丿 月 肸 胊 膳 膳								
飡	飡	飡	飡						
저녁밥 손	冫 冫 冫 冫 冫 飡								
飯	飯	飯	飯						
밥 반	今 飠 飠 飣 飯 飯								

適口充腸 적구충장

입에 알맞아 창자에 가득 찬다.

適	適	適	適						
알맞을 적	亠 产 商 商 滴 適								
口	口	口	口						
입 구	丨 冂 口								
充	充	充	充						
가득할 충	丶 亠 𠫓 𠫓 充 充								
腸	腸	腸	腸						
창자 장	丿 月 肥 胆 腸 腸								

飽飫烹宰 포어팽재

飽	飽	飽	飽						
배부를 포	𠂉 𠆢 食 飣 飴 飽								
飫	飫	飫	飫						
포식할 어	丿 𠂉 𠆢 食 飠 飫								
烹	烹	烹	烹						
삶을 팽	丶 亠 亠 亨 亨 烹								
宰	宰	宰	宰						
재상 재	宀 宀 宀 宰 宰 宰								

飢厭糟糠 기염조강

배가 고프면 술지게미와 쌀겨도 싫은 줄 모르고 먹는다.

飢	飢	飢	飢						
주릴 기	丿 𠂉 𠆢 食 飣 飢								
厭	厭	厭	厭						
싫을 염	厂 戸 肙 肙 厭 厭								
糟	糟	糟	糟						
지게미 조	丷 半 米 粫 糟 糟								
糠	糠	糠	糠						
쌀겨 강	丷 米 粁 粐 糖 糠								

親戚故舊 친척고구

친척이나 친구들을 대접할 때는,

親	親	親	親						
친할 친		亠 立 辛 亲 親 親							
戚	戚	戚	戚						
겨레 척		厂 厈 戶 戚 戚 戚							
故	故	故	故						
연고 고		十 古 古 古 故 故							
舊	舊	舊	舊						
옛 구		艹 艹 萑 萑 舊 舊							

老少異糧 노소이량

늙은이와 젊은이의 음식을 달리하여 구별해야 한다.

老	老	老	老						
늙을 로(노)		一 十 土 耂 耂 老							
少	少	少	少						
젊을 소		亅 小 小 少							
異	異	異	異						
다를 이		口 田 田 里 異 異							
糧	糧	糧	糧						
양식 량		米 粎 粎 糧 糧 糧							

妾御績紡 첩어적방

처첩과 시녀는 길쌈을 하고 살림하며,

妾	妾	妾	妾						
첩 첩		亠 立 立 辛 妾 妾							
御	御	御	御						
모실 어		彳 行 往 御 御 御							
績	績	績	績						
자을 적		糸 紆 絓 績 績 績							
紡	紡	紡	紡						
길쌈 방		幺 糹 糸 糸 紆 紡							

侍巾帷房 시건유방

안방에서 수건을 받들어 남편을 모신다.

侍	侍	侍	侍						
모실 시		亻 什 仕 侍 侍 侍							
巾	巾	巾	巾						
수건 건		丨 冂 巾							
帷	帷	帷	帷						
장막 유		丨 冂 巾 帄 帷 帷							
房	房	房	房						
방 방		厂 户 户 戸 房 房							

紈扇圓潔 환선원결

흰 비단 부채는 둥글고 깨끗하며,

紈	紈	紈	紈						
흰 비단 환			ㄥ 幺 糸 糺 紈 紈						
扇	扇	扇	扇						
부채 선			亠 亠 户 户 扂 扇						
圓	圓	圓	圓						
둥글 원			冂 冋 冏 圊 圓 圓						
潔	潔	潔	潔						
깨끗할 결			氵 氵 㓞 㓞 潔 潔						

銀燭煒煌 은촉위황

은빛 촛불은 밝게 빛난다.

銀	銀	銀	銀						
은 은			金 釒 釕 鈤 銀 銀						
燭	燭	燭	燭						
촛불 촉			火 炉 烱 焗 燭 燭						
煒	煒	煒	煒						
밝을 위			火 火 炉 炸 煒 煒						
煌	煌	煌	煌						
빛날 황			火 火 炉 煌 煌 煌						

晝眠夕寐 주면석매

낮에는 한가히 낮잠을 자고 저녁에는 침실에서 잠을 잔다.

晝 晝 晝 晝

낮 주

眠 眠 眠 眠

잘 면

夕 夕 夕 夕

저녁 석

ノ ク 夕

寐 寐 寐 寐

잠잘 매

藍筍象牀 남순상상

쪽빛 푸른 대자리와 상아로 장식한 침상이 갖추어져 있다.

藍 藍 藍 藍

쪽 람(남)

筍 筍 筍 筍

죽순 순

象 象 象 象

코끼리 상

牀 牀 牀 牀

평상 상

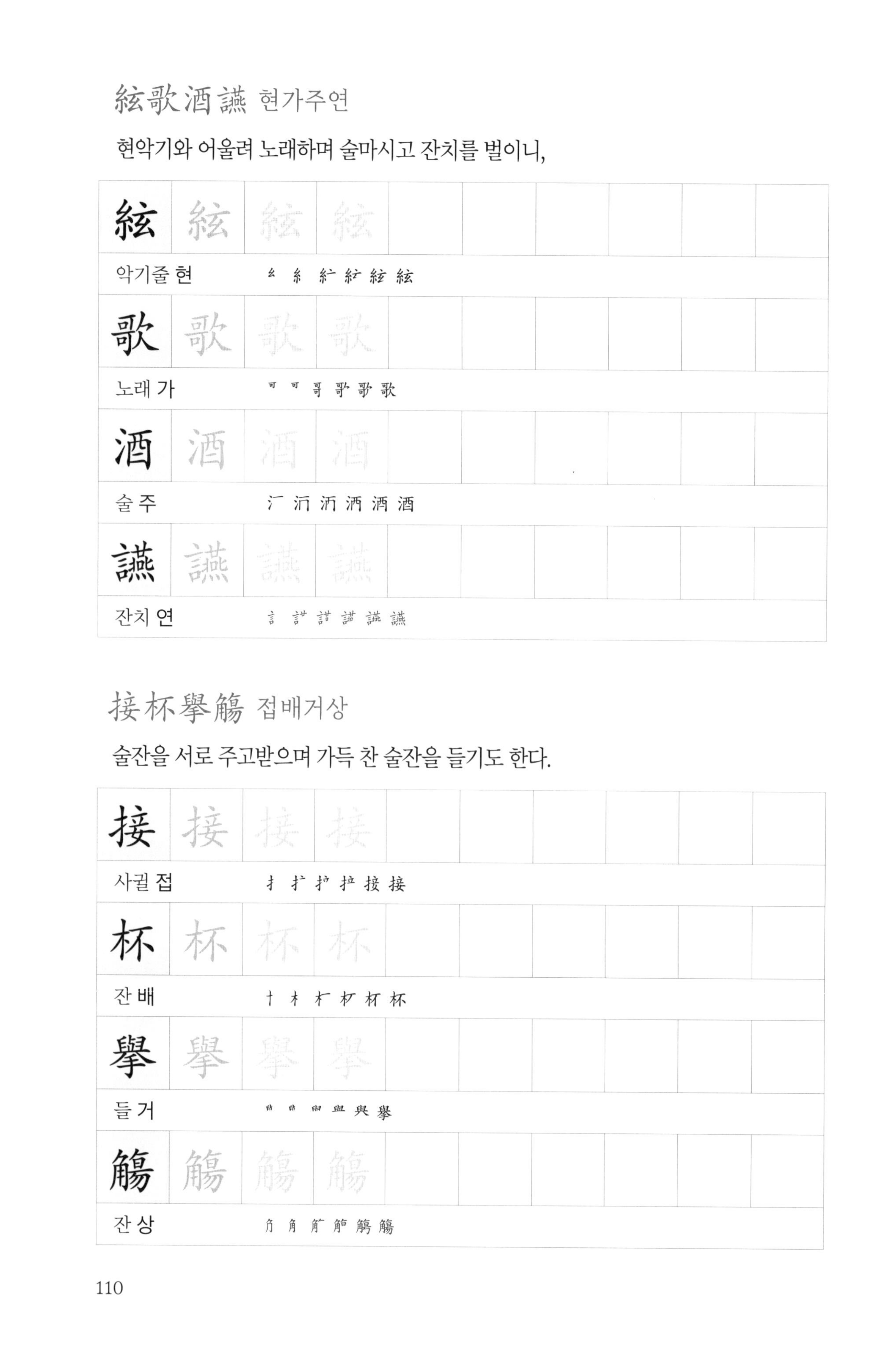

絃歌酒讌 현가주연

현악기와 어울려 노래하며 술마시고 잔치를 벌이니,

絃	絃	絃	絃						
악기줄 현									
歌	歌	歌	歌						
노래 가									
酒	酒	酒	酒						
술 주									
讌	讌	讌	讌						
잔치 연									

接杯擧觴 접배거상

술잔을 서로 주고받으며 가득 찬 술잔을 들기도 한다.

接	接	接	接						
사귈 접									
杯	杯	杯	杯						
잔 배									
擧	擧	擧	擧						
들 거									
觴	觴	觴	觴						
잔 상									

矯手頓足 교수돈족

손을 들고 발을 구르며 춤을 추니,

矯	矯	矯	矯						
들 교		矢 矢 矫 矫 矯 矯							
手	手	手	手						
손 수		一 二 三 手							
頓	頓	頓	頓						
두드릴 돈		一 ㄷ 屯 屯 頓 頓							
足	足	足	足						
발 족		丨 ㄇ 口 早 足 足							

悅豫且康 열예차강

기쁘고 즐거우며, 또한 편안하다.

悅	悅	悅	悅						
기쁠 열		丶 忄 忄 怡 恱 悅							
豫	豫	豫	豫						
미리 예		予 予 豫 豫 豫 豫							
且	且	且	且						
또 차		丨 冂 月 月 且							
康	康	康	康						
편안할 강		庐 庐 庐 庚 康 康							

嫡後嗣續 적후사속

맏이는 부모의 대(代)를 이어 조상(祖上)에 제사하며,

嫡	嫡	嫡	嫡						
정실(맏이) 적		ㄑ 女 女亠 女亠 婂 嫡							
後	後	後	後						
뒤 후		ノ 彳 彳幺 彳夂 後 後							
嗣	嗣	嗣	嗣						
이을 사		口 月 月 冊 嗣 嗣							
續	續	續	續						
이을 속		糸 續 續 續 續 續							

祭祀蒸嘗 제사증상

(천자와 제후는 시제를 드리는데) 겨울 제사는 증(蒸), 가을 제사는 상(嘗)이라 한다.

祭	祭	祭	祭						
제사 제		夕 夕 夕又 夕又 祭 祭							
祀	祀	祀	祀						
제사 사		亍 亓 示 示 祀 祀							
蒸	蒸	蒸	蒸						
찔 증		艹 艹 芽 蒸 蒸 蒸							
嘗	嘗	嘗	嘗						
맛볼 상		丷 尚 尚 嘗 嘗 嘗							

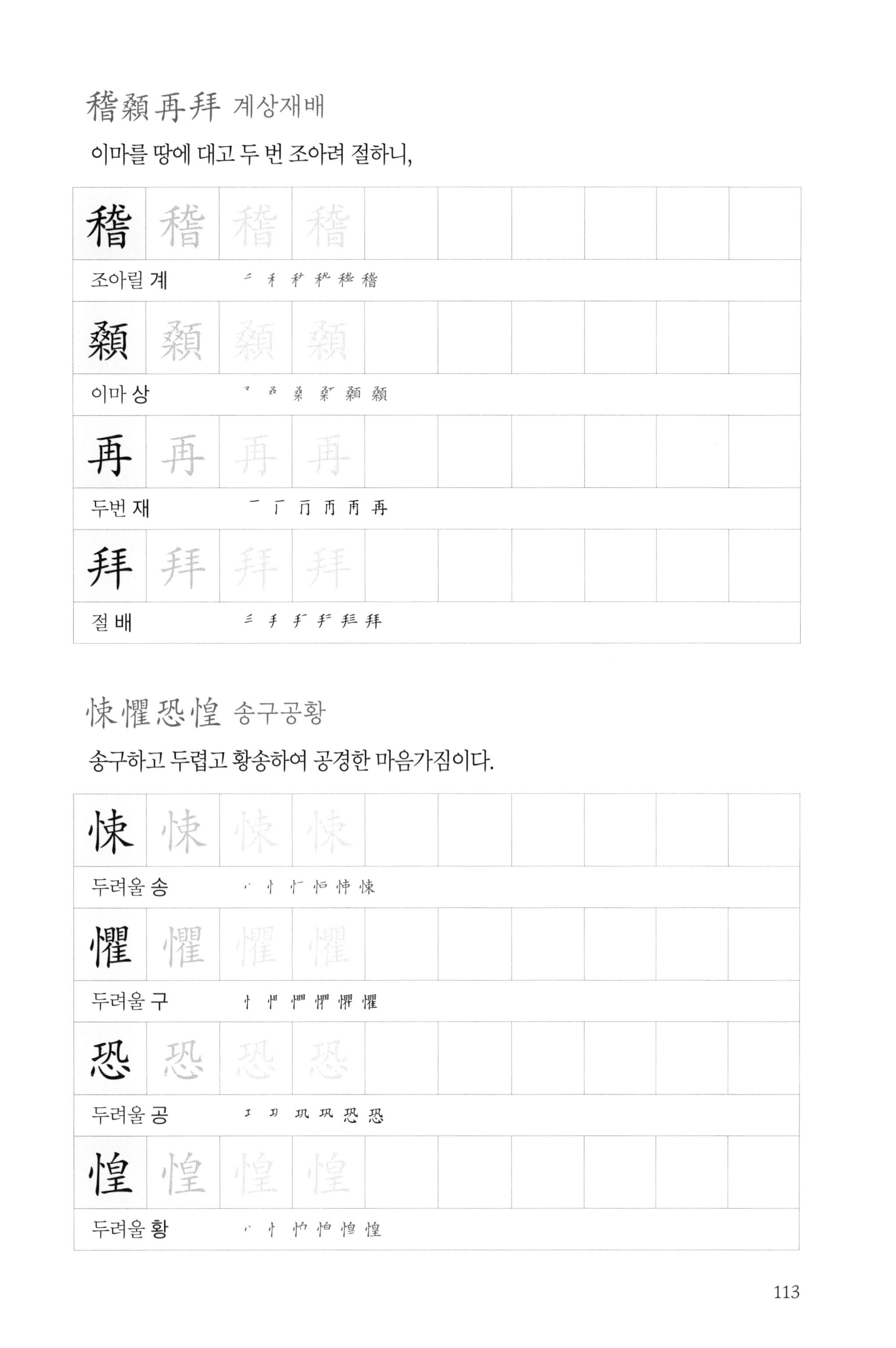

稽顙再拜 계상재배

이마를 땅에 대고 두 번 조아려 절하니,

稽	稽	稽	稽
조아릴 계			
顙	顙	顙	顙
이마 상			
再	再	再	再
두번 재			
拜	拜	拜	拜
절 배			

悚懼恐惶 송구공황

송구하고 두렵고 황송하여 공경한 마음가짐이다.

悚	悚	悚	悚
두려울 송			
懼	懼	懼	懼
두려울 구			
恐	恐	恐	恐
두려울 공			
惶	惶	惶	惶
두려울 황			

牋牒簡要 전첩간요

편지와 글은 간략하게 요약할 것이며,

牋	牋	牋	牋						
글(표) 전		丿 𠂆 片 片 片 牋							
牒	牒	牒	牒						
편지 첩		丿 𠂆 片 片 牍 牒							
簡	簡	簡	簡						
간략할 간		⺮ 竹 筒 筒 簡 簡							
要	要	要	要						
구할 요		一 冖 襾 西 要 要							

顧答審詳 고답심상

말 대답(對答)할 때는 돌아보고 자세히 살펴서 해야 한다.

顧	顧	顧	顧						
돌아볼 고		戶 戶 雇 雇 顧 顧							
答	答	答	答						
대답 답		⺮ 竹 笑 笑 答 答							
審	審	審	審						
살필 심		宀 宀 宷 宷 審 審							
詳	詳	詳	詳						
자세할 상		言 言 詳 詳 詳 詳							

骸垢想浴 해구상욕

몸에 더러운 때가 있으면 목욕할 것을 생각하고,

骸	骸	骸	骸
뼈 해	冂 冎 骨 骨亠 骨亡 骸		

垢	垢	垢	垢
때 구	十 土 圹 圻 垢 垢		

想	想	想	想
생각할 상	十 木 机 相 想 想		

浴	浴	浴	浴
목욕할 욕	氵 氵 氵丷 氵八 氵㕣 浴		

執熱願凉 집열원량

뜨거운 것을 잡으면 서늘하기를 원한다.

執	執	執	執
잡을 집	土 圭 幸 幸丿 執 執		

熱	熱	熱	熱
더울 열	土 圭 坴 埶 埶 熱		

願	願	願	願
원할 원	戶 盾 原 原一 願 願		

凉	凉	凉	凉
서늘할 량	冫 冫 冫亠 冫古 凉 凉		

驢騾犢特 여라독특

나귀와 노새, 그리고 송아지와 수소는,

驢	驢	驢	驢						
당나귀 려(여)									
騾	騾	騾	騾						
노새 라									
犢	犢	犢	犢						
송아지 독									
特	特	特	特						
수소(특별) 특									

駭躍超驤 해약초양

놀라서 날뛰며 달린다.

駭	駭	駭	駭						
놀랄 해									
躍	躍	躍	躍						
뛸 약									
超	超	超	超						
뛰어넘을 초									
驤	驤	驤	驤						
달릴 양									

誅斬賊盜 주참적도

역적과 도둑을 베어 죽이며,

誅	誅	誅	誅						
벨 주		亠 言 訁 訁 許 誅							
斬	斬	斬	斬						
벨 참		亘 車 車 斬 斬 斬							
賊	賊	賊	賊						
도둑(역적) 적		貝 貝 貝 賊 賊 賊							
盜	盜	盜	盜						
도둑 도		氵 氵 次 盗 盗 盜							

捕獲叛亡 포획반망

(임금을) 배반하고 죄(罪)를 짓고 도망하는 자를 포박하여 잡아들여야 한다.

捕	捕	捕	捕						
잡을 포		扌 扌 扌 捅 捕 捕							
獲	獲	獲	獲						
얻을 획		犭 犭 犭 犭 獲 獲							
叛	叛	叛	叛						
배반할 반		丷 半 半 叛 叛 叛							
亡	亡	亡	亡						
도망 망		丶 亠 亡							

布射僚丸 포사료환

여포의 활쏘기와 전국시대 웅의료(熊宜僚)의 방울 굴리기,

布	布	布	布						
베 포		丿 ナ 才 右 布							
射	射	射	射						
쏠 사		丿 冂 自 身 身 射							
僚	僚	僚	僚						
벗 료		亻 亻 佧 佧 偣 僚							
丸	丸	丸	丸						
알 환		丿 九 丸							

嵇琴阮嘯 혜금완소

혜강(嵇康)의 거문고와 완적(阮籍)의 휘파람, 모두가 유명하다.

嵇	嵇	嵇	嵇						
사람이름 혜		二 禾 秄 秋 秋 嵇							
琴	琴	琴	琴						
거문고 금		丅 王 珏 琹 琹 琴							
阮	阮	阮	阮						
성씨 완		了 阝 阝 阝 阝 阮							
嘯	嘯	嘯	嘯						
휘파람 소		口 口 口 口 嘯 嘯							

恬筆倫紙 염필륜지

몽염(蒙恬)은 붓을 만들었고 채륜(蔡倫)은 종이를 만들었으며,

恬	恬	恬	恬						
편안할 념(염)	丶 忄 忙 忏 忏 恬								
筆	筆	筆	筆						
붓 필	⺮ 竺 笁 笇 筀 筆								
倫	倫	倫	倫						
인륜 륜	仒 佡 佮 倫 倫 倫								
紙	紙	紙	紙						
종이 지	幺 糸 糹 紅 紙 紙								

鈞巧任釣 균교임조

마균(馬鈞)은 교묘한 재주로 지남거(指南車)를 만들었고, 임공자(任公子)는 낚시질을 잘했다.

鈞	鈞	鈞	鈞						
무게단위 균	𠆢 亼 金 釒 釣 鈞								
巧	巧	巧	巧						
공교할 교	一 丅 工 工 巧								
任	任	任	任						
맡길 임	丿 亻 亻 仁 仟 任								
釣	釣	釣	釣						
낚시 조	𠆢 今 佘 金 釣 釣								

釋紛利俗 석분리속

어지러운 것을 풀어내어 세상을 이롭게 하였으니,

釋	釋	釋	釋						
풀 석	釆 䍐 釋 釋 釋 釋								
紛	紛	紛	紛						
어지러울 분	幺 糸 糸 紒 紛 紛								
利	利	利	利						
이로울 리	ノ 二 千 禾 和 利								
俗	俗	俗	俗						
풍속 속	ノ 亻 仒 伀 俗 俗								

竝皆佳妙 병개가묘

이 사람들은 모두 다 아름답고 묘하다.

竝	竝	竝	竝						
아우를 병	亠 亣 立 竝 竝 竝								
皆	皆	皆	皆						
모두(다) 개	一 ㅏ 比 比 皆 皆								
佳	佳	佳	佳						
아름다울 가	亻 仕 佳 佳 佳 佳								
妙	妙	妙	妙						
묘할 묘	女 女 如 如 妙 妙								

毛施淑姿 모시숙자

모장(毛嬙)과 서시(西施)는 (절세의 미인으로) 아름다운 자태로,

毛	毛	毛	毛						
터럭 모		ノ 二 三 毛							
施	施	施	施						
베풀 시		亠 方 方 方 㫊 施							
淑	淑	淑	淑						
맑을 숙		氵 汁 汁 汖 洉 淑							
姿	姿	姿	姿						
모양 자		冫 次 次 次 姿 姿							

工嚬姸笑 공빈연소

그 찡그린 모습조차 아름다웠거늘 웃는 모습이야 얼마나 더 예뻤겠는가.

工	工	工	工						
장인 공		一 丅 工							
嚬	嚬	嚬	嚬						
찡그릴 빈		口 吡 哷 嚬 嚬 嚬							
姸	姸	姸	姸						
고울 연		女 女 女 女 奸 姸							
笑	笑	笑	笑						
웃음 소		⺮ 竹 笁 笁 笑 笑							

年矢每催 연시매최

세월은 화살처럼 매양 재촉하는데,

年	年	年	年						
해 년		丿 𠂉 𠂉 𠂉 年							
矢	矢	矢	矢						
화살 시		丿 𠂉 𠂉 矢 矢							
每	每	每	每						
매양 매		丿 𠂉 𠂉 每 每 每							
催	催	催	催						
재촉할 최		亻 亻 亻 亻 亻 催							

羲暉朗曜 희휘랑요

(날마다 뜨는 아침) 햇빛은 언제나 밝게 빛난다.

羲	羲	羲	羲						
햇빛 희		丷 丷 羊 羊 羊 羲							
暉	暉	暉	暉						
빛날 휘		日 日 日 日 日 暉							
朗	朗	朗	朗						
밝을 랑		丶 丶 良 良 朗 朗							
曜	曜	曜	曜						
빛날 요		丨 光 光 光 光 耀							

璇璣懸斡 선기현알

구슬로 만든 혼천의(渾天儀)가 공중에 매달려 돌고,

璇	璇	璇	璇						
옥이름 선									
璣	璣	璣	璣						
구슬 기									
懸	懸	懸	懸						
매달 현									
斡	斡	斡	斡						
돌 알									

晦魄環照 회백환조

그믐이면 달은 어둡다가 다시 둥글게 환히 비춘다.

晦	晦	晦	晦						
그믐 회									
魄	魄	魄	魄						
넋 백									
環	環	環	環						
고리 환									
照	照	照	照						
비출 조									

指薪修祐 지신수우

풀섶에 불꽃이 계속 이어 타듯이 나 자신을 지성으로 닦으면 하늘의 도움을 받아,

指	指	指	指						
손가락 지			扌 扌 扌 指 指 指						
薪	薪	薪	薪						
땔나무 신			艹 艹 艹 薪 薪 薪						
修	修	修	修						
닦을 수			亻 亻 亻 亻 佟 修						
祐	祐	祐	祐						
도울 우			二 亍 示 礻 祐 祐						

永綏吉邵 영수길소

길이 편안하고 상서로움이 높아지리라.

永	永	永	永						
길 영			丶 亅 永 永 永						
綏	綏	綏	綏						
편안할 수			𠃋 幺 糸 紒 綏 綏						
吉	吉	吉	吉						
길할 길			一 十 士 吉 吉 吉						
邵	邵	邵	邵						
높을 소			㇆ 刀 召 召 邵 邵						

矩步引領 구보인령

법도에 맞게 옷깃을 여미어 바르게 걸으며,

矩	矩	矩	矩						
법 구	ㅏ ㅗ 矢 矢 矩 矩								
步	步	步	步						
걸음 보	ㅏ 止 步 步 步 步								
引	引	引	引						
끌 인	ㄱ ㄱ 弓 引								
領	領	領	領						
옷깃 령	人 今 令 令 領 領								

俯仰廊廟 부앙낭묘

궁전과 사당에서는 (우러러보고 몸을 낮추는 등) 예의를 지켜야 한다.

俯	俯	俯	俯						
구부릴 부	ノ 亻 亻 俯 俯 俯								
仰	仰	仰	仰						
우러를 앙	ノ 亻 亻 仰 仰 仰								
廊	廊	廊	廊						
행랑 랑	广 广 庐 庐 廊 廊								
廟	廟	廟	廟						
사당 묘	亠 广 广 庙 廟 廟								

束帶矜莊 속대긍장

예복을 갖춰 예의 범절을 지키고, 장중하게

束	束	束	束						
묶을 속		一 ㄷ 戸 戸 申 束							
帶	帶	帶	帶						
띠 대		卄 卅 卌 帶 帶 帶							
矜	矜	矜	矜						
자랑할 긍		ㄱ ㄱ 矛 矜 矜 矜							
莊	莊	莊	莊						
장중할 장		艹 艹 艹 艹 艹 莊							

徘徊瞻眺 배회첨조

여기저기 거닐고 바라보는 것은 모두 예의에 맞게 해야 한다.

徘	徘	徘	徘						
거닐 배		ノ 彳 彳 彳 徘 徘							
徊	徊	徊	徊						
배회할 회		ノ 彡 彳 徊 徊 徊							
瞻	瞻	瞻	瞻						
쳐다볼 첨		目 目 目 目 目 瞻							
眺	眺	眺	眺						
바라볼 조		冂 目 目 目 眺 眺							

孤陋寡聞 고루과문

외롭고 재주가 없으며 식견이 적으면,

孤	孤	孤	孤						
외로울 고	孑 孑 孓 孤 孤 孤								
陋	陋	陋	陋						
더러울 루	阝 阝 阝 阝 陃 陋								
寡	寡	寡	寡						
적을 과	宀 宀 宀 宜 寡 寡								
聞	聞	聞	聞						
들을 문	門 門 門 門 閂 聞								

愚蒙等誚 우몽등초

어리석고 무지하여 남의 책망을 듣게 마련이다.

愚	愚	愚	愚						
어리석을 우	日 日 禺 禺 愚 愚								
蒙	蒙	蒙	蒙						
어릴 몽	艹 艹 蒙 蒙 蒙 蒙								
等	等	等	等						
무리 등	竹 竹 竺 等 等 等								
誚	誚	誚	誚						
꾸짖을 초	亠 言 訁 訁 誚 誚								

謂語助者 위어조자

소위 (글자의 보조로 쓰이는) 조사(助辭)라고 말하는 글자는,

謂	謂	謂	謂
이름 위	言 訂 訶 諝 謂 謂		

語	語	語	語
말씀 어	亠 言 訂 語 語 語		

助	助	助	助
도울 조	丨 冂 月 目 助 助		

者	者	者	者
놈 자	土 耂 耂 者 者 者		

焉哉乎也 언재호야

언과 재와 호와 야 자(字)이다.

焉	焉	焉	焉
어찌 언	丅 下 正 正 焉 焉		

哉	哉	哉	哉
어조사 재	土 吉 吉 哉 哉 哉		

乎	乎	乎	乎
온 호	一 乊 乊 乎 乎		

也	也	也	也
잇기 야	乛 乜 也		